Klostermann Texte
Philosophie

Aristoteles

METAPHYSIK XII

Übersetzung und Kommentar
von Hans-Georg Gadamer

Vittorio Klostermann · Frankfurt am Main

Die erste Ausgabe der vorliegenden Übersetzung und Erläuterungen erschien bald nach dem Krieg im Jahre 1948. Die Erläuterungen sind in der zweiten Auflage an einigen Punkten erweitert worden und berücksichtigen den neuesten Stand der Forschung. Das gleiche gilt von der Bibliographie.

CIP-Kurztitelaufnahme der Deutschen Bibliothek

Aristoteles: [Metaphysik zwölf] Metaphysik XII / Aristoteles. Übers. u. Kommentar von Hans-Georg Gadamer. – 4. Aufl. – Frankfurt am Main : Klostermann, 1984.
(Klostermann-Texte : Philosophie) Einheitssacht.: Metaphysica
ISBN 3-465-01211-9
NE: Gadamer, Hans-Georg [Hrsg.]

Vierte Auflage 1984
Dritte, verbesserte Auflage 1976
© Vittorio Klostermann Frankfurt am Main 1976
Herstellung: Beltz Offsetdruck, Hemsbach
Alle Rechte vorbehalten – Printed in Germany

Inhalt

Einleitung

Das im folgenden vorgelegte Stück aristotelischer Philosophie, das zwölfte Buch der „Metaphysik", ist in gewissem Sinne ein Ganzes. Die Bücher der „Metaphysik" nämlich, wie wir sie lesen, sind keine einheitliche Schrift. Die philologische Analyse, die vor allem von Werner Jaeger zu einleuchtenden Ergebnissen geführt worden ist, hat uns gelehrt, die Redaktion der Metaphysikbücher nicht nur als die Zusammenfassung recht verschiedenartiger Niederschriften anzusehen, sondern Zeugnisse für die Entwicklung des aristotelischen Denkens daraus zu gewinnen. Unter den Büchern der Metaphysik hebt sich das zwölfte Buch dadurch besonders heraus, daß es inhaltlich die Krönung der aristotelischen Philosophie bringt: die Lehre von dem höchsten Seienden, von Gott. Über diesen äußersten und das Ganze abschließenden Gegenstand besitzen wir sonst keine Äußerungen des Aristoteles. Gleichwohl ist dieses zwölfte Buch wohl niemals als Abschluß der in den Metaphysikbüchern vereinigten Untersuchungen gedacht gewesen. Darauf verweist schon die äußerliche Tatsache, daß wir hier nirgends – wie sonst fast immer – Verweisungen auf andere Bücher der Metaphysik finden. Aber auch der flüchtigste Blick auf die inhaltliche Anlage des Buches lehrt, daß wir es hier mit einer völlig selbständigen, in sich geschlossenen Abhandlung zu tun haben, die auf ihre Weise den ganzen Gegenstandsbereich der Metaphysikbücher durchmißt. Man hat mit Recht vermutet, daß dieses Buch nur deshalb an diese wichtige Stelle im Zusammenhang der Metaphysikbücher gerückt worden ist, weil es die einzige vollendete Darstellung der Gotteslehre enthielt.

Es ist anzunehmen, daß Aristoteles selbst diese Redaktion seiner für den Schulgebrauch bestimmten philosophischen Manuskripte vorgenommen hat.

Betrachten wir nun das zwölfte Buch in sich, so fällt die namentlich am Anfang und am Schluß besonders verkürzte, notizenhafte Schreibweise auf und läßt an einen Vortrag denken, der zu diesem Gerippe des Gedankens die lebendige Anschauung und Ausführung durch das lebendige Wort hinzugetan hätte. Nachdem wir einige Erkenntnis über die Entwicklung des aristotelischen Denkens gewonnen haben, kann es auch nicht mehr strittig sein, an welcher Stelle dieser Entwicklung der Vortrag steht und von welchem Stande des aristotelischen Denkens er Zeugnis ablegt[1]. Wir wissen, daß Aristoteles jahrzehntelang Schüler Platos gewesen ist und als junger Lehrer in der platonischen Schulgemeinschaft, der Akademie, tätig war. Wir wissen ferner, daß nicht er, doch unzweifelhaft der genialste Platoschüler, von Plato nach seinem Tode zum Nachfolger in der Leitung der Akademie bestellt worden ist und die Vermutung liegt nahe, daß damals, nach Platos Tode, zwischen den führenden Schülern des Meisters eine besonders heftige philosophische Auseinandersetzung geführt worden ist. In der Tat steht fast hinter jedem Gedankenschritt unserer Vorlesung ein offener oder versteckter Bezug zu den Lehrmeinungen der übrigen Platoniker, insbesondere Speusipps und Xenokrates', und die Ausarbeitung der eigenen Lehre hat ständig die platonische mit im Auge. Darin liegt eine besondere Schwierigkeit für unser Verständnis der Schrift, aber auch ein ganz besonderer Reiz. Der Gegensatz des Aristoteles zu Plato, den die herkömmliche Auffassung kennt und der schon von der antiken Legende in ihrer Weise ausgeschmückt wurde, wird hier in seinen Motiven und Grenzen gleichsam im Entstehen sichtbar. So kann dieser Text, in der gehörigen Weise verstanden, eine Einführung in die Probleme bieten, die die aristotelische Tradition der Philosophie mit dem Namen Metaphysik bezeichnet hat.

Der Name Metaphysik ist wohl erst von den Herausgebern der aristotelischen Lehrschriften in augusteischer Zeit geprägt wor-

---

[1] Die grundlegenden Arbeiten von Werner Jaeger, Studien zur Entstehungsgeschichte der Metaphysik (1912), Aristoteles (1923). Neuerdings in vielem anders J. Düring, Aristoteles (1966).

den[2] und bezeichnet den Platz in der Anordnung der Ausgabe: daß sie hinter den Schriften zur Physik folgt. Allein diese Anordnung ist keine zufällige, sondern drückt ein sachliches Verhältnis aus. Aristoteles selbst gebrauchte den Ausdruck „Erste Philosophie" (prima philosophia) – auch dieser Ausdruck drückt von einer anderen Seite das gleiche sachliche Verhältnis aus. Die Erste Philosophie nämlich hat es mit den obersten Prinzipien der Dinge zu tun, mit dem, was allem Seienden ursprünglich zugrunde liegt. Oder mit anderem Ausdruck, sie hat es mit dem Seienden als Seienden, d. h. mit dem Sein des Seienden zu tun (und nicht mit der Erkenntnis eines bestimmten Seinsbereichs, wie es die Wissenschaften tun). Nun ist diese Frage nach dem Sein des Seienden nur an solchem zu einer Beantwortung zu bringen, das unbezweifelbar Seiendes ist – und solches ist die uns umgebende Welt der Natur, die sich – freilich in ständiger Bewegung – unserer täglichen Erfahrung zeigt. Die Frage der Ersten Philosophie beginnt also bei dem, was dem Sein der Natur zugrundeliegt – sie beginnt bei dem, was Gegenstand einer Philosophie der Natur, einer „Physik" ist. Sofern sie aber auf das Sein alles Seienden gerichtet ist und sich nicht auf den Bereich der Natur einschränkt, gehört sie nicht selbst zur „Physik", sondern baut sich nur auf diese auf, schließt sich als eine weitergreifende Frage an diese an und heißt insofern auch mit sachlichem Recht: „das, was nach der Physik kommt", d. i. „Metaphysik".

Die vorliegende Schrift stellt eingangs diesen Überschritt über die Fragerichtung der „Physik" ausdrücklich dar und gipfelt in dem Nachweis, daß es ein Seiendes von anderer Art als das der Natur geben muß, an dem noch eigentlicher als an dem Sein der Natur sichtbar wird, was Sein des Seienden im Grunde ist. Dieses Seiende ist nicht durch unsere Sinne, sondern allein denkend erfahrbar – also ganz wie in der platonischen Wendung zur „Idee", aber es ist dennoch nicht eine allgemeine Idee, sondern hat ebenso konkretes Fürsichsein wie die Wesen der

[2] Doch vgl. die neueren Untersuchungen Hans Reiners in Zschr. f. philos. Forschung 8 (1954).

Natur, es ist das, was die religiöse Überlieferung „Gott" nennt. Deshalb heißt die Form der Metaphysik, die die vorliegende Schrift bringt, auch „Theologie". Die Aussagen, die Aristoteles über dies göttliche Sein macht, sind für die Geschichte des abendländischen Denkens von unabsehbarer Bedeutung geworden. Die hier gegebenen Bestimmungen der Lebendigkeit und Geistigkeit dieses göttlichen Seins, aber auch die für dieses Sein gebrauchten Begriffe sind für das theologische Denken des christlichen Mittelalters leitend geworden, insbesondere der der Energeia, des actus purus. Obwohl die christliche Religion von wesentlich anderen Kräften gespeist worden ist als von denen des klassischen Griechentums, hat die gedankliche Arbeit dieser klassischen Zeit dennoch für das Selbstverständnis des Christentums die Mittel und Wege (und auch die Abwege) bereitet. Daß die christliche Vorstellung des persönlichen Gottes und seines Verhältnisses zum Menschen bei Aristoteles ganz fern liegt, wird jeder sofort empfinden. Das gleiche gilt von dem Gedanken der Schöpfung, der mit dem Kunstgeist der Griechen im Grunde nicht weniger unvereinbar ist als mit ihrer tiefsten geistigen Konzeption, dem Gedanken der Physis, der Natur, der sich zu sich selbst aufbreitenden Ordnung der Wesen. Trotzdem hat das in diesen aristotelischen Lehren ausgeprägte Seinsverständnis dem christlichen Gottes- und Schöpfungsverständnis dienen müssen. Aristoteles wurde die wichtigste philosophische Autorität und man zitierte ihn im Mittelalter einfach als „der Philosoph". Die Spannung zwischen dem griechischen Weltgedanken und der christlichen Seelenwelt, die damit in das abendländische Denken kam, gehört zu jenen schicksalhaften und schöpferischen Spannungen, die die abendländische Menschheit bis auf den heutigen Tag durchziehen.

Aristoteles war der Sohn eines makedonischen Hofarztes. Er wurde 384/83 v. Chr. in Stagira geboren (daher wird er zuweilen „der Stagirit" genannt). Zwanzig Jahre lang war er Schüler Platos. Nach Platos Tode (348/47) war er einige Jahre in Assos tätig. In dieser Zeit dürfte er den im folgenden vorgelegten Vortrag gehalten haben. Dann wurde er der Erzieher Alexanders von Makedonien, und nach dessen Regierungsantritt (336/35) eröffnete er in Athen eine eigene Wirksamkeit im Lykeion (woher das Wort Lyceum kommt), die sog. peripatetische Schule. Nach Alexanders des Großen Tode mußte er aus politischen Gründen Athen verlassen, starb aber gleich darauf im Jahre 322.

Seine Lebenszeit fällt also in die Zeit des Untergangs der klassischen politischen Lebensform der Griechen, des Stadtstaates. Seine philosophischen Lehren fassen die Summe des griechischen Lebens in der abendländischen Form des Begriffs und gründen damit eine das Denken des Abendlandes tragende Tradition.

1069a Περὶ τῆς οὐσίας ἡ θεωρία. τῶν γὰρ οὐσιῶν αἱ ἀρχαὶ καὶ τὰ αἴτια
20 ζητοῦνται. καὶ γὰρ εἰ ὡς ὅλον τι τὸ πᾶν, ἡ οὐσία πρῶτον μέρος·
καὶ εἰ τῷ ἐφεξῆς, κἂν οὕτως πρῶτον ἡ οὐσία, εἶτα τὸ ποιόν,
εἶτα τὸ ποσόν. ἅμα δὲ οὐδ᾽ ὄντα ὡς εἰπεῖν ἁπλῶς ταῦτα, ἀλλὰ
ποιότητες καὶ κινήσεις, ἢ καὶ τὸ οὐ λευκὸν καί τὸ οὐκ εὐθύ· λέγομεν
γοῦν εἶναι καὶ ταῦτα, οἷον ἔστιν οὐ λευκόν. ἔτι οὐδὲν τῶν ἄλλων
25 χωριστόν. | μαρτυροῦσι δὲ καὶ οἱ ἀρχαῖοι ἔργῳ· τῆς γὰρ οὐσίας
ἐζήτουν ἀρχὰς καὶ στοιχεῖα καὶ αἴτια. | οἱ μὲν οὖν νῦν τὰ καθό-
λου οὐσίας μᾶλλον τιθέασιν (τὰ γὰρ γένη καθόλου, ἅ φασιν ἀρχὰς
καὶ οὐσίας εἶναι μᾶλλον διὰ τὸ λογικῶς ζητεῖν)· οἱ δὲ πάλαι τὰ
30 καθ᾽ ἕκαστα, οἷον πῦρ καὶ γῆν, ἀλλ᾽ οὐ τὸ κοινόν, σῶμα. | οὐσίαι
δὲ τρεῖς, μία μὲν αἰσθητή — ἧς ἡ μὲν ἀΐδιος ἡ δὲ φθαρτή, ἣν
πάντες ὁμολογοῦσιν, οἷον τὰ φυτὰ καὶ τὰ ζῷα [ἡ δ᾽ ἀΐδιος] —
ἧς ἀνάγκη τὰ στοιχεῖα λαβεῖν, εἴτε ἓν εἴτε πολλά· ἄλλη δὲ ἀκίνη-
τος, καὶ ταύτην φασί τινες εἶναι χωριστήν, οἱ μὲν εἰς δύο διαι-
35 ροῦντες, οἱ δὲ εἰς μίαν φύσιν τιθέντες τὰ εἴδη καὶ τὰ μαθηματικά,
1069b οἱ δὲ τὰ μαθηματικὰ μόνον τούτων. ἐκεῖναι μὲν δὴ φυσικῆς (μετὰ
κινήσεως γάρ), αὕτη δὲ ἑτέρας, εἰ μηδεμία αὐτοῖς ἀρχὴ κοινή.

Aristoteles Metaphysik Buch XII

1. Über das Sein geht die Untersuchung. Denn es sind die 1069a Ursprünge und Ursachen all dessen, was Sein ist, was gesucht wird. Sowohl nämlich, wenn das All wie ein Ganzes ist, ist das Sein sein erster Teil, als auch, wenn es nur aufgereiht ist, auch 20 dann kommt zuerst das Sein, dann das Sobeschaffensein, dann das Sogroßsein. Zugleich ist klar, daß diese letzteren gar nicht einmal schlechthin Seiendes sind, sondern Beschaffenheiten und Vorgänge am Seienden – oder aber, auch das Nicht-Weiße und das Nicht-Gerade wären Seiendes; denn freilich sagen wir auch von diesen, daß sie sind, z.B. es ist Nicht-Weißes. Ferner ist keins dieser anderen selbständig für sich.

Das bezeugen auch die Alten durch die Tat. Denn vom Sein 25 suchten sie die Ursprünge, Elemente und Ursachen.

Die Heutigen freilich setzen vielmehr das Allgemeine als Sein an (denn die Gattungen sind allgemein, die im höheren Grade Ursprünge und Sein seien, wie sie – in ihrer logischen Untersuchungsart – sagen) – die Alten dagegen das Einzelne, wie Feuer und Erde, und nicht das Gemeinsame: Körper.

Es gibt aber dreierlei Sein, nämlich einmal das sinnlich wahr- 30 nehmbare – das zweierlei, entweder ewiges oder vergängliches ist (letzteres geben alle zu, z.B. die Pflanzen und Tiere) –; von ihm muß man die Elemente erfassen, ob sie eines oder vieles sind; sodann aber gibt es noch drittens ein unveränderliches Sein; auch von dem sagen einige, es sei für sich selbständig – wobei die einen die Ideen und das mathematische Sein als zweier- lei unterscheiden, andere beides als ein und dasselbe Wesen 35 ansetzen, noch andere von diesen allein das mathematische Sein kennen. Die beiden ersten Arten von Sein sind Sache der Physik, denn sie sind mit Veränderung verbunden, die letztere dagegen 1069b ist Sache einer anderen Wissenschaft, wenn anders sie keinen gemeinsamen Ursprung haben.

Ἡ δ' αἰσθητὴ οὐσία μεταβλητή. εἰ δ' ἡ μεταβολὴ ἐκ τῶν
5 ἀντικειμένων ἢ τῶν μεταξύ, ἀντικειμένων δὲ μὴ πάντων (οὐ
λευκὸν γὰρ ἡ φωνή) ἀλλ' ἐκ τοῦ ἐναντίου, ἀνάγκη ὑπεῖναί τι τὸ
μεταβάλλον εἰς τὴν ἐναντίωσιν· οὐ γὰρ τὰ ἐναντία μεταβάλλει. |

ἔτι τὸ μὲν ὑπομένει, τὸ δ' ἐναντίον οὐχ ὑπομένει· ἔστιν ἄρα τι
τρίτον παρὰ τὰ ἐναντία, ἡ ὕλη. εἰ δὴ αἱ μεταβολαὶ τέτταρες,
10 ἢ κατὰ τὸ τί ἢ κατὰ τὸ ποῖον ἢ πόσον ἢ ποῦ, καὶ γένεσις μὲν
ἡ ἁπλῆ καὶ φθορὰ ἡ κατὰ τόδε, αὔξησις δὲ καὶ φθίσις ἡ κατὰ
τὸ ποσόν, ἀλλοίωσις δὲ ἡ κατὰ τὸ πάθος, φορὰ δὲ ἡ κατὰ τόπον,
εἰς ἐναντιώσεις ἂν εἶεν τὰς καθ' ἕκαστον αἱ μεταβολαί. ἀνάγκη δὴ
15 μεταβάλλειν τὴν ὕλην δυναμένην ἄμφω· ἐπεὶ δὲ διττὸν τὸ ὄν,
μεταβάλλει πᾶν ἐκ τοῦ δυνάμει ὄντος εἰς τὸ ἐνεργείᾳ ὄν (οἷον ἐκ
λευκοῦ δυνάμει εἰς τὸ ἐνεργείᾳ λευκόν, ὁμοίως δὲ καὶ ἐπ' αὐξή-
σεως καὶ φθίσεως), ὥστε οὐ μόνον κατὰ συμβεβηκὸς ἐνδέχεται
γίγνεσθαι ἐκ μὴ ὄντος, ἀλλὰ καὶ ἐξ ὄντος γίγνεται πάντα, δυνά-
20 μει μέντοι ὄντος, ἐκ μὴ ὄντος δὲ ἐνεργείᾳ. καὶ τοῦτ' ἔστι τὸ
Ἀναξαγόρου ἕν· βέλτιον γὰρ ἢ «ὁμοῦ πάντα» — καὶ Ἐμπεδο-
κλέους τὸ μῖγμα καὶ Ἀναξιμάνδρου, καὶ ὡς Δημόκριτός φησιν —
«ἦν ὁμοῦ πάντα δυνάμει, ἐνεργείᾳ δ' οὔ»· ὥστε τῆς ὕλης ἂν εἶεν
25 ἡμμένοι· πάντα δ' ὕλην ἔχει ὅσα μεταβάλλει, ἀλλ' ἑτέραν· καὶ
τῶν ἀϊδίων ὅσα μὴ γενητὰ κινητὰ δὲ φορᾷ, ἀλλ' οὐ γενητὴν ἀλλὰ
ποθὲν ποί. | ἀπορήσειε δ' ἄν τις ἐκ ποίου μὴ ὄντος ἡ γένεσις·

14

Das sinnlich wahrnehmbare Sein ist des Wechselns fähig. Wenn aber der Wechsel stets aus dem Entgegengesetzten (oder dem dazwischen) erfolgt, aber doch nicht aus allem Entgegengesetzten („nicht weiß" ist ja auch z. B. die Stimme), sondern aus dem Gegensätzlichen, so muß etwas zugrunde liegen, das in den Gegensatz wechselt. Denn die Gegensätzlichen selbst wechseln ja nicht.

2. Ferner: etwas verbleibt ja, das Gegensätzliche aber verbleibt gerade nicht. Also gibt es ein drittes neben den Gegensätzlichen: den Stoff. Wenn es nun vier Weisen des Wechsels gibt, nämlich entweder in dem Wassein oder in dem Wie oder in dem Wiegroß oder in dem Wo, und wenn der Wechsel im Sein des schlechthinnige Entstehen und Vergehen ist, der im Wiegroßsein das Wachsen und Schwinden, der im Zustand das Anderswerden, der im Ort die Ortsbewegung, so vollziehen sich die Wechselbewegungen offenbar in die jeweiligen Gegensätze. Notwendig muß also der Stoff das sein, an dem sich der Wechsel vollzieht, er, der ja beides sein kann. Da aber das Sein im zwiefachen Sinn gebraucht wird, so gilt: alles wechselt aus dem der Möglichkeit nach Seienden in das der Wirklichkeit nach Seiende (z. B. aus dem Weißseinkönnenden in das wirklich Weiße, und ebenso bei Wachsen und Schwinden). Daher ist es nicht nur angängig, daß alles, was entsteht, mittelbar aus Nichtseiendem entsteht, sondern es ist auch so, daß alles aus Seiendem entsteht, nämlich aus der Möglichkeit nach Seiendem, in Wirklichkeit Nicht-Seiendem.

Und dies ist der Sinn des Einen bei Anaxagoras. Denn für das „Alles Beisammen" – auch für das Gemisch des Empedokles und des Anaximander und nach der Lehre des Demokrit – hieße es besser: „Es war alles beisammen der Möglichkeit nach, der Wirklichkeit nach aber nicht"; also sie haben im Grunde den Stoff gemeint. Alles, was wechselt, hat ja Stoff, aber einen je anderen. Auch die ewigen Dinge, die kein Entstehen, wohl aber Ortsbewegung kennen, haben einen, nur nicht für Entstehen, sondern das Woher-Wohin.

τριχῶς γὰρ τὸ μὴ ὄν. εἰ δή τι ἔστι δυνάμει, ἀλλ' ὅμως οὐ τοῦ
30 τυχόντος ἀλλ' ἕτερον ἐξ ἑτέρου· οὐδ' ἱκανὸν ὅτι ὁμοῦ πάντα χρή-
ματα· διαφέρει γὰρ τῇ ὕλῃ, ἐπεὶ διὰ τί ἄπειρα ἐγένετο ἀλλ' οὐχ
ἕν; ὁ γὰρ νοῦς εἷς, ὥστ' εἰ καὶ ἡ ὕλη μία, ἐκεῖνο ἐγένετο ἐνεργείᾳ
οὗ ἡ ὕλη ἦν δυνάμει. τρία δὴ τὰ αἴτια καὶ τρεῖς αἱ ἀρχαί, δύο μὲν
ἡ ἐναντίωσις, ἧς τὸ μὲν λόγος καὶ εἶδος τὸ δὲ στέρησις, τὸ δὲ
τρίτον ἡ ὕλη.

35 3) Μετὰ ταῦτα ὅτι οὐ γίγνεται οὔτε ἡ ὕλη οὔτε τὸ εἶδος, λέγω
1070a δὲ τὰ ἔσχατα. πᾶν γὰρ μεταβάλλει τὶ καὶ ὑπό τινος καὶ εἴς τι·
ὑφ' οὗ μέν, τοῦ πρώτου κινοῦντος· ὃ δέ, ἡ ὕλη· εἰς ὃ δέ, τὸ εἶδος.
εἰς ἄπειρον οὖν εἶσιν, εἰ μὴ μόνον ὁ χαλκὸς γίγνεται στρογγύλος
ἀλλὰ καὶ τὸ στρογγύλον ἢ ὁ χαλκός· ἀνάγκη δὴ στῆναι. — μετὰ
5 ταῦτα ὅτι ἑκάστη ἐκ συνωνύμου γίγνεται οὐσία (τὰ γὰρ φύσει
οὐσίαι καὶ τὰ ἄλλα). ἢ γὰρ τέχνῃ ἢ φύσει γίγνεται ἢ τύχῃ ἢ τῷ
αὐτομάτῳ. ἡ μὲν οὖν τέχνη ἀρχὴ ἐν ἄλλῳ, ἡ δὲ φύσις ἀρχὴ ἐν
αὐτῷ (ἄνθρωπος γὰρ ἄνθρωπον γεννᾷ), / αἱ δὲ λοιπαὶ αἰτίαι
10 στερήσεις τούτων. οὐσίαι δὲ τρεῖς, ἡ μὲν ὕλη τόδε τι οὖσα τῷ
φαίνεσθαι (ὅσα γὰρ ἁφῇ καὶ μὴ συμφύσει, ὕλη καὶ ὑποκείμενον),
ἡ δὲ φύσις τόδε τι καὶ ἕξις τις εἰς ἣν· ἔτι τρίτη ἡ ἐκ τούτων ἡ

Man könnte sich aber fragen, aus was für einem Nichtseienden das Entstehen erfolgt. Dreifach nämlich ist der Sinn von Nichtsein. Wenn etwas der Möglichkeit nach ist, so heißt das doch nicht, daß es der Möglichkeit nach jedes Beliebige ist, sondern aus dem Einen wird das Eine, aus dem Anderen das Andere. Auch ist es nicht ausreichend zu sagen: Alle Dinge seien beisammen. Dem Stoff nach müssen sie ja unterschieden sein, denn warum wurde daraus so unendlich Vieles und nicht Eines? Der Geist ist ja einer, so daß, wenn auch der Stoff ein einziger wäre, dann hätte nur jenes Eine in Wirklichkeit entstehen können, wozu der Stoff der Möglichkeit nach da war. 30

Drei also sind die Ursachen, drei die Ursprünge, und zwar zwei die beiden Gegensätze, deren einer der Begriff und das Eidos ist, der andere dessen Ausfall, und das dritte der Stoff.

3. Weiter ist zu sagen, daß weder der Stoff noch das Eidos ein Entstehen kennen – ich meine aber die jeweils letzten. Denn ein jedes wechselt als etwas und von etwas und in etwas hinein: wovon es wechselt, ist das Erst-Bewegende, als was es wechselt, ist der Stoff, wohinein es wechselt, ist das Eidos. Es würde nun ins Unendliche weitergehen, wenn z.B. nicht nur das Erz rund würde, sondern auch das Runde oder das Erz erst würde – es ist also nötig, gleich hier Halt zu machen. 35

1070a

Weiter ist zu sagen, daß ein jedes Sein aus solchem gleichen Namens entsteht, (wobei Sein nicht nur die Naturdinge sind, sondern auch das Andere). Entweder nämlich entsteht es durch Kunst oder von Natur oder aus Zufall oder von selbst. Die Kunst nun ist ein Ursprung, der in einem andern liegt, die Natur dagegen ist Ursprung in ihm selbst (denn was einen Menschen erzeugt, ist selbst Mensch). – Die beiden übrigen Ursachen aber sind bloße Fehlerscheinungen dieser. 5

Es gibt aber in dreierlei Sinne Sein, erstens den Stoff, – sofern nämlich etwas nur dem Augenschein nach ein einheitliches Seiendes ist. (Alles, was nur durch Beisammenliegen, aber nicht organisch Eines ist, ist bloßer Stoff und bloße Grundlage), zweitens die Natur, als das einheitliche Wesen und als die Verfassung, in die etwas hineinwächst; ferner, als drittes, das 10

καθ᾽ ἕκαστα, οἷον Σωκράτης ἢ Καλλίας. | ἐπὶ μὲν οὖν τινῶν τὸ
τόδε τι οὐκ ἔστι παρὰ τὴν συνθετὴν οὐσίαν, οἷον οἰκίας τὸ εἶδος,
15 εἰ μὴ ἡ τέχνη (οὐδ᾽ ἔστι γένεσις καὶ φθορὰ τούτων, ἀλλ᾽ ἄλλον
τρόπον εἰσὶ καὶ οὐκ εἰσὶν οἰκία τε ἡ ἄνευ ὕλης καὶ ὑγίεια καὶ πᾶν
τὸ κατὰ τέχνην), ἀλλ᾽ εἴπερ, ἐπὶ τῶν φύσει· διὸ δὴ οὐ κακῶς
Πλάτων ἔφη ὅτι εἴδη ἔστιν ὁπόσα φύσει, εἴπερ ἔστιν εἴδη ἄλλα
20 τούτων *οἷον πῦρ σὰρξ κεφαλή· ἅπαντα γὰρ ὕλη ἐστί, καὶ τῆς
μάλιστ᾽ οὐσίας ἡ τελευταία*. | τὰ μὲν οὖν κινοῦντα αἴτια ὡς προ-
γεγενημένα ὄντα, τὰ δ᾽ ὡς ὁ λόγος ἅμα. ὅτε γὰρ ὑγιαίνει ὁ ἄνθρωπος, τότε καὶ ἡ ὑγίεια ἔστιν, καὶ τὸ σχῆμα τῆς χαλκῆς σφαίρας
ἅμα καὶ ἡ χαλκῆ σφαῖρα (εἰ δὲ καὶ ὕστερόν τι ὑπομένει, σκεπτέον·
25 ἐπ᾽ ἐνίων γὰρ οὐδὲν κωλύει, οἷον εἰ ἡ ψυχὴ τοιοῦτον, μὴ πᾶσα
ἀλλ᾽ ὁ νοῦς· πᾶσαν γὰρ ἀδύνατον ἴσως). φανερὸν δὴ ὅτι οὐδὲν
δεῖ διά γε ταῦτ᾽ εἶναι τὰς ἰδέας· ἄνθρωπος γὰρ ἄνθρωπον γεννᾷ,
ὁ καθ᾽ ἕκαστον τὸν τινά· ὁμοίως δὲ καὶ ἐπὶ τῶν τεχνῶν· ἡ γὰρ
30 ἰατρικὴ τέχνη ὁ λόγος τῆς ὑγιείας ἐστίν.

4) Τὰ δ᾽ αἴτια καὶ αἱ ἀρχαὶ ἄλλα ἄλλων ἔστιν ὥς, ἔστι δ᾽ ὥς,
ἂν καθόλου λέγῃ τις καὶ κατ᾽ ἀναλογίαν, ταὐτὰ πάντων. ἀπορή-
σειε γὰρ ἄν τις πότερον ἕτεραι ἢ αἱ αὐταὶ ἀρχαὶ καὶ στοιχεῖα
35 τῶν οὐσιῶν καὶ τῶν πρός τι, καὶ καθ᾽ ἑκάστην δὴ τῶν κατηγο-
ριῶν ὁμοίως. | ἀλλ᾽ ἄτοπον εἰ ταὐτὰ πάντων· ἐκ τῶν αὐτῶν γὰρ
1070b ἔσται τὰ πρός τι καὶ αἱ οὐσίαι. τί οὖν τοῦτ᾽ ἔσται; παρὰ γὰρ τὴν
οὐσίαν καὶ τἆλλα τὰ κατηγορούμενα οὐδέν ἐστι κοινόν, πρότερον

jeweilige aus diesen beiden bestehende Sein, wie Sokrates oder Kallias.

Bei einigen nun gibt es das einheitliche Wesen gewiß nicht neben dem zusammengesetzten Sein, z. B. das Eidos des Hauses, es sei denn, man sehe es in der Kunst selbst, (auch gibt es für diese kein Entstehen und Vergehen, sondern auf andere Weise ist und ist nicht das noch unstoffliche geplante Haus und die Gesundheit und so alles in der Kunst), sondern, wenn überhaupt, gibt es das bei den Naturdingen. Daher sagte Plato nicht ohne Grund, daß es Ideen gibt von allem, was von Natur ist – wenn anders es überhaupt Ideen gibt, die von den Dingen hier gesondert sind (z. B. nicht für Feuer, Fleisch, Kopf – all das ist nämlich jeweils wieder Stoff, und das Höchste für das am meisten Seiende).

Nun sind zwar die bewegenden Ursachen vorhergehend da, die Ursachen aber, die der Begriff der Sache sind, mit ihr zugleich. Denn wenn der Mensch gesund ist, dann ist auch die Gesundheit da, und die Form der ehernen Kugel zugleich mit der ehernen Kugel selbst. (Ob aber auch später noch etwas verbleibt, ist zu untersuchen; bei einigem nämlich hindert nichts daran, z. B. wenn die Seele so etwas ist, freilich nicht die ganze, aber der Geist – für sie als Ganze ist es doch wohl unmöglich.) Es ist also offenkundig, daß es deswegen in keiner Weise die Ideen geben muß; denn der Mensch erzeugt den Menschen, der einzelne den einzelnen. Genauso ist es bei den Künsten. Denn die ärztliche Kunst ist selber der (In-)Begriff der Gesundheit.

4. Die Ursachen und die Ursprünge sind nun in gewisser Weise jeweils andere, in gewisser Weise aber, wenn man es allgemein und im Sinne der Analogie meint, für alles dasselbe. Es könnte sich einer nämlich fragen, ob für das Sein und das Inbezugstehende verschiedene oder die gleichen Ursprünge und Elemente gelten und ebenso in jeder der anderen Kategorien.

Aber ist es sinnlos, wenn für alles dieselben gelten; denn dann würde das Inbezugstehende und das Fürsichseiende aus dem Gleichen sein. Was sollte das aber sein? Denn außerhalb des Seins und der anderen Kategorien gibt es nichts Gemein-

δὲ τὸ στοιχεῖον ἢ ὧν στοιχεῖον· ἀλλὰ μὴν οὐδ' ἡ οὐσία στοιχεῖον
τῶν πρός τι, οὐδὲ τούτων οὐδὲν τῆς οὐσίας. | ἔτι πῶς ἐνδέχεται
5 πάντων εἶναι ταῦτα στοιχεῖα; οὐδὲν γὰρ οἷον τ' εἶναι τῶν στοιχείων
τῷ ἐκ στοιχείων συγκειμένῳ τὸ αὐτό, οἷον τῷ ΒΑ τὸ Β ἢ Α
(οὐδὲ δὴ τῶν νοητῶν στοιχεῖόν ἐστιν, οἷον τὸ ὂν ἢ τὸ ἕν· ὑπάρχει
γὰρ ταῦτα ἑκάστῳ καὶ τῶν συνθέτων). οὐδὲν ἄρ' ἔσται αὐτῶν
10 οὔτ' οὐσία οὔτε πρός τι· ἀλλ' ἀναγκαῖον. οὐκ ἔστιν ἄρα πάντων
ταὐτὰ στοιχεῖα. — ἢ ὥσπερ λέγομεν, ἔστι μὲν ὥς, ἔστι δ' ὡς οὔ,
οἷον ἴσως τῶν αἰσθητῶν σωμάτων ὡς μὲν εἶδος τὸ θερμὸν καὶ
ἄλλον τρόπον τὸ ψυχρὸν ἡ στέρησις, ὕλη δὲ τὸ δυνάμει ταῦτα
πρῶτον καθ' αὑτό, οὐσίαι δὲ ταῦτά τε καὶ τὰ ἐκ τούτων, ὧν
15 ἀρχαὶ ταῦτα, ἢ εἴ τι ἐκ θερμοῦ καὶ ψυχροῦ γίγνεται ἕν, οἷον σὰρξ
ἢ ὀστοῦν· ἕτερον γὰρ ἀνάγκη ἐκείνων εἶναι τὸ γενόμενον. τούτων
μὲν οὖν ταὐτὰ στοιχεῖα καὶ ἀρχαί (ἄλλων δ' ἄλλα), πάντων δὲ
οὕτω μὲν εἰπεῖν οὐκ ἔστιν, τῷ ἀνάλογον δέ, ὥσπερ εἴ τις εἴποι
ὅτι ἀρχαί εἰσι τρεῖς, τὸ εἶδος καὶ ἡ στέρησις καὶ ἡ ὕλη. ἀλλ'
20 ἕκαστον τούτων ἕτερον περὶ ἕκαστον γένος ἐστίν, οἷον ἐν χρώματι
λευκὸν μέλαν ἐπιφάνεια, φῶς σκότος ἀήρ· ἐκ δὲ τούτων ἡμέρα
καὶ νύξ. | ἐπεὶ δὲ οὐ μόνον τὰ ἐνυπάρχοντα αἴτια, ἀλλὰ καὶ τῶν
ἐκτὸς οἷον τὸ κινοῦν, δῆλον ὅτι ἕτερον ἀρχὴ καὶ στοιχεῖον, αἴτια
25 δ' ἄμφω, καὶ εἰς ταῦτα διαιρεῖται ἡ ἀρχή, τὸ δ' ὡς κινοῦν ἢ ἱστὰν
ἀρχή τις καὶ οὐσία, ὥστε στοιχεῖα μὲν κατ' ἀναλογίαν τρία, αἰτίαι
δὲ καὶ ἀρχαὶ τέτταρες· ἄλλο δ' ἐν ἄλλῳ, καὶ τὸ πρῶτον αἴτιον

sames für sie, das Element aber müßte früher sein als das, dessen Element es ist. In Wahrheit ist jedoch weder das Fürsichsein Element des Inbezugstehenden noch auch von diesen eines Element des Seins.

Ferner: Wie kann es überhaupt von allem dieselben Elemente geben? Keines der Elemente kann ja doch mit dem aus Elementen Zusammengesetzten dasselbe sein, z. B. das A oder das B mit dem BA. (Also kann auch keine der intelligiblen Bestimmungen Element sein, z. B. das Sein oder das Eine; denn diese kommen ja auch einem jeden der Zusammengesetzten zu.) Keines von ihnen kann dann Sein oder Inbezugstehendes sein; aber das muß es notwendig. Also gibt es nicht für alles dieselben Elemente. 10

Oder, wie wir zu sagen pflegen, in gewisser Weise ja, in gewisser Weise nein. So ist vielleicht bei den sinnlich wahrnehmbaren Körpern als Eidos das Warme, und auf andere Weise das Kalte als der Ausfall, Stoff aber ist, was ursprünglich an ihm selbst der Möglichkeit nach beides ist; Sein aber sind sowohl diese als auch das aus diesen Bestehende, dessen Ursprünge diese sind, und was sonst aus Warmem und Kaltem als Eines entsteht, wie Fleisch oder Knochen. Verschieden von jenen muß ja das 15 Entstehende sein. Für diese nun sind die Elemente und Ursprünge dieselben (für anderes sind es andere), für alle dagegen kann man es so unmöglich sagen, sondern nur im Sinne der Analogie, z. B. wenn einer sagte, daß es drei Ursprünge gebe, das Eidos, den Ausfall und den Stoff. Aber jedes von diesen ist ein anderes 20 in jedem Sachbereich, z. B. im Farbenbereich sind es weiß, schwarz und Oberfläche, oder Licht, Dunkel und Luft; aus diesen aber bestehen Tag und Nacht.

Da aber nicht nur das der Sache Inwohnende Ursache ist, sondern auch vom äußeren etwas, wie z. B. das Bewegende, so ist daraus klar, daß Ursprung und Element voneinander zu unterscheiden sind (wenngleich sie beide Ursachen sind und der Sinn von Ursprung sich in diese gliedert); das als bewegendes 25 oder stillstehendes Auftretende ist jedenfalls auch ein Ursprung und Sein, so daß es der Elemente drei analoge gibt, Ursachen und Ursprünge aber vier; aber ein anderes in jedem; auch das,

ὡς κινοῦν ἄλλο ἄλλῳ. ὑγίεια, νόσος, σῶμα· τὸ κινοῦν ἰατρική.
εἶδος, ἀταξία τοιαδί, πλίνθοι· τὸ κινοῦν οἰκοδομική [καὶ εἰς ταῦτα
30 διαιρεῖται ἡ ἀρχή]. ἐπεὶ δὲ τὸ κινοῦν ἐν μὲν τοῖς φυσικοῖς ἀν-
θρώπῳ ἄνθρωπος, ἐν δὲ τοῖς ἀπὸ διανοίας τὸ εἶδος ἢ τὸ ἐναντίον,
τρόπον τινὰ τρία αἴτια ἂν εἴη, ὡδὶ δὲ τέτταρα. ὑγίεια γάρ πως
ἡ ἰατρική, καὶ οἰκίας εἶδος ἡ οἰκοδομική, καὶ ἄνθρωπος ἄνθρωπον
35 γεννᾷ· / ἔτι παρὰ ταῦτα τὸ ὡς πρῶτον πάντων κινοῦν πάντα. /

1071 a 5) Ἐπεὶ δ' ἐστὶ τὰ μὲν χωριστὰ τὰ δ' οὐ χωριστά, οὐσίαι ἐκεῖνα.
καὶ διὰ τοῦτο πάντων αἴτια ταυτά, ὅτι τῶν οὐσιῶν ἄνευ οὐκ ἔστι
τὰ πάθη καὶ αἱ κινήσεις. / ἔπειτα ἔσται ταῦτα ψυχὴ ἴσως καὶ
σῶμα, ἢ νοῦς καὶ ὄρεξις καὶ σῶμα. — ἔτι δ' ἄλλον τρόπον τῷ
5 ἀνάλογον ἀρχαὶ αἱ αὐταί, οἷον ἐνέργεια καὶ δύναμις· ἀλλὰ καὶ
ταῦτα ἄλλα τε ἄλλοις καὶ ἄλλως. ἐν ἐνίοις μὲν γὰρ τὸ αὐτὸ ὀτὲ
μὲν ἐνεργείᾳ ἔστιν ὀτὲ δὲ δυνάμει, οἷον οἶνος ἢ σὰρξ ἢ ἄνθρωπος
(πίπτει δὲ καὶ ταῦτα εἰς τὰ εἰρημένα αἴτια· ἐνεργείᾳ μὲν γὰρ τὸ
10 εἶδος, ἐὰν ᾖ χωριστόν, καὶ τὸ ἐξ ἀμφοῖν, στέρησίς τε οἷον σκότος
ἢ κάμνον, δυνάμει δὲ ἡ ὕλη· τοῦτο γάρ ἐστι τὸ δυνάμενον γίγνεσθαι
ἄμφω)· ἄλλως δ' ἐνεργείᾳ καὶ δυνάμει διαφέρει ὧν μὴ ἔστιν ἡ
αὐτὴ ὕλη, ὧν <ἐνίων> οὐκ ἔστι τὸ αὐτὸ εἶδος ἀλλ' ἕτερον, ὥσπερ
ἀνθρώπου αἴτιον τά τε στοιχεῖα, πῦρ καὶ γῆ ὡς ὕλη καὶ τὸ ἴδιον

was als nächstes für die Bewegung ursächlich ist, ist ein anderes für ein jedes: z. B. Gesundheit, Krankheit, Körper – und das Bewegende: die Arztkunst. Oder: Der Hausplan, diese Unordnung, Ziegeln – und das Bewegende: die Baukunst. Da aber 30 das Bewegende bei den Naturdingen für den Menschen z. B. der Mensch ist, und ebenso bei den aus dem Geist stammenden Dingen das Eidos oder sein Gegenteil, so gibt es in gewisser Weise nur drei Ursachen, (– wenn es auch in anderer Betrachtung vier sind). Denn die Heilkunde ist gewissermaßen die Gesundheit und die Baukunst ist das Eidos des Hauses, so wie es der Mensch ist, der den Menschen zeugt.

Ferner aber gibt es außerhalb von diesen allen das allererst 35 Alles Bewegende.

5. Da es nun solches gibt, das selbständig für sich ist und solches, das nicht selbständig für sich ist, so ist klar, daß Sein nur jenes ist. Und insofern gibt es für alles dieselben Ursachen, 1071a sofern es ohne das, was Sein ist, auch die Zustände und die Vorgänge nicht geben kann.

Weiter: solches wird vielleicht Seele und dann erst Leib sein, oder Geist und dann erst Streben und dann erst Leib.

Ferner sind die Ursprünge noch auf eine andere Weise analogisch dieselben, nämlich wie Möglichkeit und Wirklichkeit; 5 doch sind auch diese je andere für je anderes und auf je andere Weise. Bei einigen nämlich ist es dasselbe, was bald in Wirklichkeit, bald nur der Möglichkeit nach ist, z. B. Wein oder Fleisch oder Mensch. (Es fällt aber auch dies unter die genannten Ursachen. Denn in Wirklichkeit ist das Eidos, wenn es für sich selbständig ist, und das aus Beidem Zusammengesetzte, und die Ausfallerscheinung, wie die Dunkelheit oder das Kranke; der bloßen Möglichkeit nach aber ist der Stoff. Denn das ist das, was 10 beides werden kann.)

Auf andere Weise unterscheiden sich in Wirklichkeit und der Möglichkeit nach Seiendes dort, wo nicht der gleiche Stoff vorliegt, ja wo mitunter auch das Eidos nicht dasselbe, sondern ein je anderes ist, wie z. B. für den Menschen nicht nur Ursache sind die Elemente Feuer und Erde, als Stoff, sowie das spezifische

15 εἶδος, καὶ ἔτι τι ἄλλο ἔξω οἷον ὁ πατήρ, καὶ παρὰ ταῦτα ὁ ἥλιος
καὶ ὁ λοξὸς κύκλος, οὔτε ὕλη ὄντα οὔτ᾽ εἶδος οὔτε στέρησις οὔτε
ὁμοειδὲς ἀλλὰ κινοῦντα. | ἔτι δὲ ὁρᾶν δεῖ ὅτι τὰ μὲν καθόλου
ἔστιν εἰπεῖν, τὰ δ᾽ οὔ. πάντων δὴ πρῶται ἀρχαὶ τὸ ἐνεργείᾳ πρῶ-
20 τον τοδὶ καὶ ἄλλο ὃ δυνάμει. ἐκεῖνα μὲν οὖν τὰ καθόλου οὐκ ἔστιν·
ἀρχὴ γὰρ τὸ καθ᾽ ἕκαστον τῶν καθ᾽ ἕκαστον· ἄνθρωπος μὲν γὰρ
ἀνθρώπου καθόλου, ἀλλ᾽ οὐκ ἔστιν οὐδείς, ἀλλὰ Πηλεὺς Ἀχιλ-
λέως σοῦ δὲ ὁ πατήρ, καὶ τοδὶ τὸ Β τουδὶ τοῦ ΒΑ, ὅλως δὲ τὸ Β
τοῦ ἁπλῶς ΒΑ. | ἔπειτα, τὰ εἴδη τὰ τῶν οὐσιῶν, ἄλλα δὲ ἄλλων
25 αἴτια καὶ στοιχεῖα, ὥσπερ ἐλέχθη, τῶν μὴ ἐν ταὐτῷ γένει, χρω-
μάτων ψόφων οὐσιῶν ποσότητος, πλὴν τῷ ἀνάλογον· καὶ τῶν ἐν
ταὐτῷ εἴδει ἕτερα, οὐκ εἴδει ἀλλ᾽ ὅτι τῶν καθ᾽ ἕκαστον ἄλλο,
ἥ τε σὴ ὕλη καὶ τὸ εἶδος καὶ τὸ κινῆσαν καὶ ἡ ἐμή, τῷ καθόλου
30 δὲ λόγῳ ταὐτά. | τὸ δὲ ζητεῖν τίνες ἀρχαὶ ἢ στοιχεῖα τῶν οὐσιῶν
καὶ πρός τι καὶ ποιῶν, πότερον αἱ αὐταὶ ἢ ἕτεραι, δῆλον ὅτι πολλαχῶς γε λεγομένων ἔστιν ἑκάστου, διαιρεθέντων δὲ οὐ ταὐτὰ ἀλλ᾽
ἕτερα, πλὴν ὡδὶ καὶ πάντων, ὡδὶ μὲν ταὐτὰ ἢ τὸ ἀνάλογον, ὅτι
35 ὕλη εἶδος στέρησις τὸ κινοῦν, καὶ ὡδὶ τὰ τῶν οὐσιῶν αἴτια ὡς
αἴτια πάντων, ὅτι ἀναιρεῖται ἀναιρουμένων· ἔτι τὸ πρῶτον ἐντε-
λεχείᾳ· ὡδὶ δὲ ἕτερα πρῶτα ὅσα τὰ ἐναντία ἃ μήτε ὡς γένη λέγε-

Eidos, sondern ferner auch noch etwas anderes Äußeres, nämlich der Vater, und dann noch außerhalb von diesen die Sonne 15
und die Ekliptik, die weder Stoff, noch Eidos oder sein Fehlen,
die überhaupt nichts Gleichartiges sind, und doch in Bewegung
Bringendes.

Ferner muß man sehen, daß es solche Ursprünge gibt, die man
allgemein nennen kann, und solche, die nicht. Für alles sind
aber seine ersten Ursprünge das in Wirklichkeit Erste und ein
anderes, das der Möglichkeit nach ist. Zu jenen nun kann das
Allgemeine unmöglich gehören, denn Ursprung des Einzelnen 20
ist das Einzelne. Mag es der Mensch allgemein für den Menschen
sein, aber es gibt keinen Menschen allgemein, sondern Peleus ist
der Ursprung für Achilles und für dich dein Vater, und dieses B
ist Ursprung für dieses BA, wenn auch allgemein das B für das
BA.

Weiter sind freilich auch die Eidē Ursachen dessen, was Sein
ist. Die Ursachen und Elemente sind aber, wie gesagt, bei dem
nicht dem gleichen Bereich Angehörigen je andere für je anderes, 25
für Farben, Geräusche, für substanziell Seiendes, für Größen-
bestimmungen – nur daß sie analogisch ein- und dasselbe sind.
Ja, auch bei den demselben Eidos Angehörigen sind sie verschieden, zwar nicht dem Eidos nach, aber weil sie für das jeweils Einzelne ein je anderes sind: entweder dein Stoff und dein
Eidos und Bewegendes, oder der meine. Nur dem allgemeinen
Begriff nach sind sie dasselbe.

Die Frage, welches die Ursprünge und Elemente dessen sind,
was Sein ist und dessen, was so und so Bezogenes und so und so 30
Beschaffenes ist, und ob sie dieselben oder verschiedene sind, enthält offenkundig jeweils solche Vieldeutigkeit. Löst man diese
auf, so sind sie nicht dieselben, sondern verschiedene, nur daß
sie in bestimmtem Sinne doch für Alles dieselben sind, in dem
Sinne nämlich dieselben oder analog, daß sie stets Stoff, Eidos,
Ausfallserscheinung und Bewegendes sind, und in dem Sinne,
daß die Ursachen dessen, was Sein ist, Ursachen für Alles sind,
weil es mit ihrer Aufhebung mit aufgehoben wäre; und ferner 35
ist das in aller Wirklichkeit Erste ein- und dasselbe. In bestimm-

ται μήτε πολλαχῶς λέγεται· καὶ ἔτι αἱ ὗλαι. τίνες μὲν οὖν αἱ
ἀρχαὶ τῶν αἰσθητῶν καὶ πόσαι, καὶ πῶς αἱ αὐταὶ καὶ πῶς ἕτεραι,
εἴρηται.

6) Ἐπεὶ δ' ἦσαν τρεῖς οὐσίαι, δύο μὲν αἱ φυσικαὶ μία δ' ἡ ἀκί-
5 νητος, περὶ ταύτης λεκτέον ὅτι ἀνάγκη εἶναι ἀΐδιόν τινα οὐσίαν
ἀκίνητον. αἵ τε γὰρ οὐσίαι πρῶται τῶν ὄντων, καὶ εἰ πᾶσαι φθαρ-
ταί, πάντα φθαρτά· ἀλλ' ἀδύνατον κίνησιν ἢ γενέσθαι ἢ φθαρῆναι
(ἀεὶ γὰρ ἦν), οὐδὲ χρόνον. οὐ γὰρ οἷόν τε τὸ πρότερον καὶ ὕστερον
εἶναι μὴ ὄντος χρόνου· καὶ ἡ κίνησις ἄρα οὕτω συνεχὴς ὥσπερ
10 καὶ ὁ χρόνος· ἢ γὰρ τὸ αὐτὸ ἢ κινήσεώς τι πάθος. κίνησις δ' οὐκ
ἔστι συνεχὴς ἀλλ' ἢ ἡ κατὰ τόπον, καὶ ταύτης ἡ κύκλῳ.

Ἀλλὰ μὴν εἰ ἔστι κινητικὸν ἢ ποιητικόν, μὴ ἐνεργοῦν δέ τι,
οὐκ ἔσται κίνησις· ἐνδέχεται γὰρ τὸ δύναμιν ἔχον μὴ ἐνεργεῖν.
15 οὐθὲν ἄρα ὄφελος οὐδ' ἐὰν οὐσίας ποιήσωμεν ἀϊδίους, ὥσπερ οἱ
τὰ εἴδη, εἰ μή τις δυναμένη ἐνέσται ἀρχὴ μεταβάλλειν· οὐ τοίνυν
οὐδ' αὕτη ἱκανή, οὐδ' ἄλλη οὐσία παρὰ τὰ εἴδη· εἰ γὰρ μὴ ἐνερ-
γήσει, οὐκ ἔσται κίνησις. | ἔτι οὐδ' εἰ ἐνεργήσει, ἡ δ' οὐσία αὐτῆς
δύναμις· οὐ γὰρ ἔσται κίνησις ἀΐδιος. ἐνδέχεται γὰρ τὸ δυνάμει
20 ὂν μὴ εἶναι. δεῖ ἄρα εἶναι ἀρχὴν τοιαύτην ἧς ἡ οὐσία ἐνέργεια. |

tem Sinne dagegen gibt es verschiedene Erste, nämlich die jeweiligen gegensätzlichen Bestimmungen, sofern sie nicht als Gattungen oder in vieldeutiger Allgemeinheit gemeint sind, und ferner die jeweiligen Stoffe. Welche und wieviele Ursprünge des 1071 b Sinnlichwahrnehmbaren es gibt und wie sie dieselben und wie sie verschieden sind, ist damit beantwortet.

6. Da es aber dreierlei Sein geben sollte, zwei davon die Natur ausmachend und eines das unbewegte Sein, so muß über dies letztere gesagt werden, daß es notwendig solch ein ewiges, unbewegtes Sein geben muß. Denn das, was selbständiges Sein 5 ist, ist das Erste von allem, was überhaupt ist, und wenn dies in seiner Gesamtheit vergänglich wäre, so wäre mithin alles insgesamt vergänglich. Nun ist es aber unmöglich, daß die Bewegung entstünde, oder verginge (denn sie war immer) — und ebenso die Zeit. Denn es ist nicht möglich, daß es das Frühere und Spätere gibt, wenn es keine Zeit gibt. Auch die Bewegung also ist so beständig anhaltend wie die Zeit. Denn diese ist entweder geradezu identisch mit ihr oder ein Etwas an der 10 Bewegung. Beständig anhaltende Bewegung kann es aber nur als Ortsbewegung geben und von dieser nur die Kreisbewegung.

Weiter aber: wenn ein Bewegen- oder Bewirken-Könnendes zwar existiert, aber nicht in Tätigkeit ist, dann braucht es keine Bewegung zu geben; denn es kann ja das, was nur die Möglichkeit dazu hat, auch nicht tätig sein. Es ist uns also nicht geholfen, selbst wenn wir ewiges Sein annehmen, wie die Vertreter der 15 Annahme der Ideen, wenn nicht ein Ursprung des Wechselnkönnens darin ist. Dieses Sein der Ideen also ist nicht einmal ausreichend, noch auch irgend ein anderes Sein neben den Ideen. Denn wenn es nicht tätig sein wird, wird es auch nicht Bewegung geben.

Ferner: Auch dann nicht, wenn es zwar tätig sein wird, aber sein eigenes Sein Vermögen ist; denn auch dann wird es keine ewige Bewegung geben können. Was der Möglichkeit nach ist, 20 kann ja auch nicht sein. Es muß also ein solcher Ursprung sein, dessen Wesen Tätigkeit ist.

20 ἔτι τοίνυν ταύτας δεῖ τὰς οὐσίας εἶναι ἄνευ ὕλης· ἀϊδίους γὰρ δεῖ,
εἴπερ γε καὶ ἄλλο τι ἀΐδιον. ἐνέργεια ἄρα. | καίτοι ἀπορία· δοκεῖ
γὰρ τὸ μὲν ἐνεργοῦν πᾶν δύνασθαι τὸ δὲ δυνάμενον οὐ πᾶν ἐνερ-
25 γεῖν, ὥστε πρότερον εἶναι τὴν δύναμιν. ἀλλὰ μὴν εἰ τοῦτο, οὐθὲν
ἔσται τῶν ὄντων· ἐνδέχεται γὰρ δύνασθαι μὲν εἶναι μήπω δ᾽ εἶναι.
καίτοι εἰ ὡς λέγουσιν οἱ θεολόγοι οἱ ἐκ νυκτὸς γεννῶντες, ἢ ὡς
οἱ φυσικοὶ ὁμοῦ πάντα χρήματά φασι, τὸ αὐτὸ ἀδύνατον. πῶς γὰρ
30 κινηθήσεται, εἰ μὴ ἔσται ἐνεργείᾳ τι αἴτιον; οὐ γὰρ ἥ γε ὕλη
κινήσει αὐτὴ ἑαυτήν, ἀλλὰ τεκτονική, οὐδὲ τὰ ἐπιμήνια οὐδ᾽ ἡ
γῆ, ἀλλὰ τὰ σπέρματα καὶ ἡ γονή. διὸ ἔνιοι ποιοῦσιν ἀεὶ ἐνέργειαν, οἷον Λεύκιππος καὶ Πλάτων· ἀεὶ γὰρ εἶναί φασι κίνησιν.
ἀλλὰ διὰ τί καὶ τίνα οὐ λέγουσιν, οὐδ᾽, ⟨εἰ⟩ ὡδὶ ⟨ἢ⟩ ὡδί, τὴν
35 αἰτίαν. οὐδὲν γὰρ ὡς ἔτυχε κινεῖται, ἀλλὰ δεῖ τι ἀεὶ ὑπάρχειν,
ὥσπερ νῦν φύσει μὲν ὡδί, βίᾳ δὲ ἢ ὑπὸ νοῦ ἢ ἄλλου ὡδί· εἶτα
ποία πρώτη; διαφέρει γὰρ ἀμήχανον ὅσον. ἀλλὰ μὴν οὐδὲ Πλάτωνί
1072a γε οἷόν τε λέγειν ἣν οἴεται ἐνίοτε ἀρχὴν εἶναι, τὸ αὐτὸ ἑαυτὸ
κινοῦν· ὕστερον γὰρ καὶ ἅμα τῷ οὐρανῷ ἡ ψυχή, ὡς φησίν. τὸ μὲν
δὴ δύναμιν οἴεσθαι ἐνεργείας πρότερον ἔστι μὲν ὡς καλῶς ἔστι
5 δ᾽ ὡς οὔ (εἴρηται δὲ πῶς). ὅτι δ᾽ ἐνέργεια πρότερον, μαρτυρεῖ
Ἀναξαγόρας (ὁ γὰρ νοῦς ἐνέργεια) καὶ Ἐμπεδοκλῆς φιλίαν καὶ
τὸ νεῖκος, καὶ οἱ ἀεὶ λέγοντες κίνησιν εἶναι, ὥσπερ Λεύκιππος·

Ferner muß alles solches Sein ohne Stoff sein, denn es muß ewig sein, wenn es überhaupt etwas Ewiges geben soll. Es muß also Tätigkeit sein.

Und doch ist hier eine Schwierigkeit. Es scheint nämlich, daß alles was tätig ist, auch die Möglichkeit hat; nicht alles, was die Möglichkeit hat, ist dagegen tätig, so daß die Möglichkeit das Frühere wäre. Aber wenn das so wäre, dann würde es über- 25 haupt kein Sein zu geben brauchen. Denn es ginge dann ja an, daß es zwar zu sein vermöchte, aber noch nicht wäre. Übrigens ergibt sich dieselbe Unmöglichkeit, wenn es so sein soll, wie die Theologen sagen, die alles aus der Nacht entstehen lassen, oder wie die Naturphilosophen, die an den Anfang das Beisammen von Allem setzen. Wie nämlich soll es in Bewegung kommen, wenn nicht ein in Wirklichkeit seiendes Verursachendes existiert? Denn der Baustoff kann sich doch nicht selbst in Bewegung 30 setzen, sondern die Baukunst tut das. Ebensowenig kann das das Monatsblut oder die Erde, sondern der Samen oder das Saatkorn. Deswegen nehmen einige immer schon Tätigkeit an, wie Leukipp und Platon, denn immer schon bestehe Bewegung. Aber wieso und was für eine sie ist, davon sagen sie nichts, noch auch die Ursache, warum so oder so. Nichts bewegt sich doch aufs Geratewohl, sondern immer muß etwas Verursachen- 35 des da sein, so wie jetzt etwas sich von Natur auf die eine Weise bewegt, und auf andere Weise durch Gewalt oder vom Geiste oder von etwas anderem her; und dann: welcher Art soll die erste Bewegung sein? Das macht doch einen unendlichen Unter- schied. Übrigens ist auch Platon gar nicht imstande, zu sagen, 1072a wie es mit dem steht, was er zuweilen für den Ursprung der Bewegung hält, dem sich selbst Bewegenden, denn die Seele ist ja später und gleichzeitig mit dem Himmelsgebäude, wie er sagt. Zu meinen, die Möglichkeit sei früher (ursprünglicher) als die wirkliche Tätigkeit, ist also im gewissen Sinne richtig, in gewissem Sinne aber nicht (wie, ist jetzt wohl klar); daß aber die wirkliche Tätigkeit das Frühere ist, das bezeugt Anaxagoras (der Geist nämlich ist tätig) und Empedokles, der Freundschaft 5 und Zwietracht annimmt, und auch diejenigen, die sagen, daß es

ὥστ' οὐκ ἦν ἄπειρον χρόνον χάος ἢ νύξ, ἀλλὰ ταὐτὰ ἀεὶ ἢ περιόδῳ
10 ἢ ἄλλως, εἴπερ πρότερον ἐνέργεια δυνάμεως. | εἰ δὴ τὸ αὐτὸ ἀεὶ
περιόδῳ, δεῖ τι ἀεὶ μένειν ὡσαύτως ἐνεργοῦν. εἰ δὲ μέλλει γένεσις
καὶ φθορὰ εἶναι, ἄλλο δεῖ εἶναι ἀεὶ ἐνεργοῦν ἄλλως καὶ ἄλλως.
ἀνάγκη ἄρα ὡδὶ μὲν καθ' αὑτὸ ἐνεργεῖν ὡδὶ δὲ κατ' ἄλλο· ἤτοι
ἄρα καθ' ἕτερον ἢ κατὰ τὸ πρῶτον. ἀνάγκη δὴ κατὰ τοῦτο· πάλιν
15 γὰρ ἐκεῖνο αὐτῷ τε αἴτιον κἀκείνῳ. οὐκοῦν βέλτιον τὸ πρῶτον·
καὶ γὰρ αἴτιον ἦν ἐκεῖνο τοῦ ἀεὶ ὡσαύτως· τοῦ δ' ἄλλως ἕτερον,
τοῦ δ' ἀεὶ ἄλλως ἄμφω δηλονότι. οὐκοῦν οὕτως καὶ ἔχουσιν αἱ
κινήσεις. τί οὖν ἄλλας δεῖ ζητεῖν ἀρχάς;

20 7) Ἐπεὶ δ' οὕτω τ' ἐνδέχεται, καὶ εἰ μὴ οὕτως, ἐκ νυκτὸς ἔσται
καὶ ὁμοῦ πάντων καὶ ἐκ μὴ ὄντος, λύοιτ' ἂν ταῦτα, καὶ ἔστι τι
ἀεὶ κινούμενον κίνησιν ἄπαυστον, αὕτη δ' ἡ κύκλῳ (καὶ τοῦτο οὐ
λόγῳ μόνον ἀλλ' ἔργῳ δῆλον), ὥστ' ἀΐδιος ἂν εἴη ὁ πρῶτος οὐ-
ρανός. ἔστι τοίνυν τι καὶ ὃ κινεῖ. | ἐπεὶ δὲ τὸ κινούμενον καὶ κινοῦν
25 [καὶ] μέσον, ἔστι τι ὃ οὐ κινούμενον κινεῖ, ἀΐδιον καὶ οὐσία καὶ
ἐνέργεια οὖσα. κινεῖ δὲ ὧδε τὸ ὀρεκτὸν καὶ τὸ νοητόν· κινεῖ οὐ
κινούμενα. τούτων τὰ πρῶτα τὰ αὐτά. ἐπιθυμητὸν μὲν γὰρ τὸ
φαινόμενον καλόν, βουλητὸν δὲ πρῶτον τὸ ὂν καλόν· ὀρεγόμεθα

immer schon Bewegung gibt, wie Leukipp. Also gab es nicht eine
unendlich lange Zeit Chaos oder Nacht, sondern es war immer
schon dasselbe da, sei es in periodischer Bewegung oder anders-
wie, wenn anders die wirkliche Tätigkeit früher ist als die
Möglichkeit.

Wenn nun dasselbe immer in periodischer Weise existiert, 10
dann muß offenbar etwas immer dableiben, das in gleicher Weise
wirkt. Wenn dagegen Werden und Vergehen existieren soll,
dann muß auch ein anderes da sein, das immer bald so, bald
anders wirkt. Dann aber muß es einerseits an sich tätig sein,
andererseits in Beziehung auf anderes – dies nun entweder in
bezug auf ein Drittes oder in bezug auf das Erste. Notwendiger-
weise doch in bezug auf dieses Erste. Denn jenes Dritte würde
wiederum für es selbst und jedes Erste Ursache sein müssen. Also
lieber gleich das Erste – denn das war ja auch sonst die Ursache 15
für das immer in gleicher Weise Sichbewegen, für das anders
Sichbewegen dagegen ist ein anderes, für das immer anders
offenbar alle beide Ursache. So aber verhalten sich die Bewegungen auch wirklich. Was soll man also noch andere Ursprünge
verlangen?

7. Da es also so auskommt und da, wenn es nicht so wäre,
das Sein aus Nacht sein müßte und dem Allesbeisammen und 20
dem Nichtsein, dürfte dies die Lösung sein, und es existiert
etwas, was sich immer bewegt, und zwar in unaufhörlicher Bewegung. Eine solche aber ist die Kreisbewegung (und dies ist nicht
nur aus logischer Überlegung, sondern auch aus den Tatsachen
klar); so daß sich ergibt, daß der oberste Himmel ewig ist.
Also existiert auch etwas, was ihn in Bewegung hält. Da also
das, was bewegt und zugleich selber bewegend ist, ein Mittleres
ist, so gibt es etwas, was bewegend ist, ohne zugleich selber
bewegt zu sein, etwas, was ewig, Sein und tätige Wirklichkeit 25
ist. Auf diese Weise bewegend ist aber das, worauf das Verlangen
und das, worauf das Denken geht: Beides ist bewegend, ohne
bewegt zu sein. Beides ist aber letzten Endes dasselbe. Denn
worauf das Begehren geht, ist das Schönscheinende, worauf
letzten Endes das Wollen geht, ist das Schönseiende. Wir ver-

30 δὲ διότι δοκεῖ μᾶλλον ἢ δοκεῖ διότι ὀρεγόμεθα· ἀρχὴ γὰρ ἡ νόησις.
νοῦς δὲ ὑπὸ τοῦ νοητοῦ κινεῖται, νοητὴ δὲ ἡ ἑτέρα συστοιχία καθ'
αὑτήν· καὶ ταύτης ἡ οὐσία πρώτη, καὶ ταύτης ἡ ἁπλῆ καὶ κατ'
ἐνέργειαν (ἔστι δὲ τὸ ἓν καὶ τὸ ἁπλοῦν οὐ τὸ αὐτό· τὸ μὲν γὰρ ἓν
μέτρον σημαίνει, τὸ δὲ ἁπλοῦν πῶς ἔχον αὐτό). ἀλλὰ μὴν καὶ τὸ
35 καλὸν καὶ τὸ δι' αὑτὸ αἱρετὸν ἐν τῇ αὐτῇ συστοιχίᾳ· καὶ ἔστιν
1072b ἄριστον ἀεὶ ἢ ἀνάλογον τὸ πρῶτον. ὅτι δ' ἔστι τὸ οὗ ἕνεκα ἐν τοῖς
ἀκινήτοις, ἡ διαίρεσις δηλοῖ· ἔστι γὰρ τινὶ τὸ οὗ ἕνεκα ⟨καὶ⟩
τινός, ὧν τὸ μὲν ἔστι τὸ δ' οὐκ ἔστι. | κινεῖ δὴ ὡς ἐρώμενον, κινου-
5 μένῳ δὲ τἆλλα κινεῖ. εἰ μὲν οὖν τι κινεῖται, ἐνδέχεται καὶ ἄλλως
ἔχειν, ὥστ' εἰ [ἡ] φορὰ πρώτη ἡ ἐνέργειά ἐστιν, ᾗ κινεῖται ταύτῃ
γε ἐνδέχεται ἄλλως ἔχειν, κατὰ τόπον, καὶ εἰ μὴ κατ' οὐσίαν·
ἐπεὶ δὲ ἔστι τι κινοῦν αὐτὸ ἀκίνητον ὄν, ἐνεργείᾳ ὄν, τοῦτο οὐκ
ἐνδέχεται ἄλλως ἔχειν οὐδαμῶς. φορὰ γὰρ ἡ πρώτη τῶν μετα-
10 βολῶν, ταύτης δὲ ἡ κύκλῳ· ταύτην δὲ τοῦτο κινεῖ. ἐξ ἀνάγκης
ἄρα ἐστὶν ὄν· καὶ ᾗ ἀνάγκῃ, καλῶς, καὶ οὕτως ἀρχή. τὸ γὰρ
ἀναγκαῖον τοσαυταχῶς, τὸ μὲν βίᾳ ὅτι παρὰ τὴν ὁρμήν, τὸ δὲ οὗ
οὐκ ἄνευ τὸ εὖ, τὸ δὲ μὴ ἐνδεχόμενον ἄλλως ἀλλ' ἁπλῶς. — ἐκ
τοιαύτης ἄρα ἀρχῆς ἤρτηται ὁ οὐρανὸς καὶ ἡ φύσις. διαγωγὴ δ'
15 ἐστὶν οἵα ἡ ἀρίστη μικρὸν χρόνον ἡμῖν. οὕτω γὰρ ἀεὶ ἐκεῖνο (ἡμῖν

langen nach etwas aber mehr, weil es uns als schön gilt, als daß
es uns als schön gilt, weil wir danach verlangen. Denn der
Ursprung ist das Denken. Der Geist wird aber von dem Ge- 30
dachten bewegt, und Gedachtsein kommt der ganzen positiven
Ordnung des Seins an ihr selbst zu; und in dieser ist wiederum
das Sein das erste und von diesem das Einfache und in Wirklichkeit Seiende. (Es meint aber das Eine und das Einfache nicht
dasselbe; denn das Eine bedeutet ein Maß für etwas, das Einfache dagegen eine Verfassung des Seienden in sich). Aber auch
das Schöne und das um seiner selbst willen Wünschbare gehören
in dieselbe Ordnung; und das Erste ist stets das Beste oder 35
wenigstens das verhältnismäßig Beste. Daß aber das Worumwillen unter das Unbewegte gehört, macht die bekannte Unter- 1072b
scheidung klar. Worumwillen meint nämlich entweder: für
jemanden, oder an sich für etwas das Gute sein; letzteres, wenn
auch nicht das erstere, gehört dahin.

Es ist also bewegend wie das Geliebte – durch ein Bewegtes
aber bewegt es alles andere. Wenn aber etwas bewegt ist,
dann kann es sich auch anders verhalten, so daß, auch wenn die
tätige Wirklichkeit die der ersten Bewegungen ist, es sich, sofern 5
es sich bewegt, doch auch anders verhalten kann – nämlich dem
Ort nach, wenn auch nicht dem Sein nach. Da es aber ein
Bewegendes gibt, das selber unbewegt ist und das in tätiger
Wirklichkeit ist, dieses kann sich in keiner Weise auch anders
verhalten. Ortsbewegung ist aber die oberste Form des Wechsels, und von dieser die kreisförmige. In einer solchen nun
bewegt dies Erste. Es ist also mit Notwendigkeit seiend; und 10
sofern mit Notwendigkeit, steht es mit ihm aufs beste – und in
dieser Weise ist es Ursprung. „Notwendig" nämlich hat einen
mehrfachen Sinn: Erstens: durch Gewalt, weil gegen den eigenen Drang, zweitens: ohne was das Gutsein nicht sein kann, und
drittens: was sich nicht anders verhalten kann, sondern unbe-
dingt so ist.

An einem solchen Ursprung also hängt der Himmel und die
Natur. Sein Lebenszustand ist so wie der beste, den wir auf 15
kurze Zeit kennen. So nämlich geht es jenem immer (für uns

μὲν γὰρ ἀδύνατον), ἐπεὶ καὶ ἡδονὴ ἡ ἐνέργεια τούτου (καὶ διὰ
τοῦτο ἐγρήγορσις αἴσθησις νόησις ἥδιστον, ἐλπίδες δὲ καὶ μνῆμαι
διὰ ταῦτα). ἡ δὲ νόησις ἡ καθ᾽ αὑτὴν τοῦ καθ᾽ αὑτὸ ἀρίστου,
20 καὶ ἡ μάλιστα τοῦ μάλιστα. αὑτὸν δὲ νοεῖ ὁ νοῦς κατὰ μετάληψιν
τοῦ νοητοῦ· νοητὸς γὰρ γίγνεται θιγγάνων καὶ νοῶν, ὥστε ταὐτὸν
νοῦς καὶ νοητόν· τὸ γὰρ δεκτικὸν τοῦ νοητοῦ καὶ τῆς οὐσίας νοῦς,
ἐνεργεῖ δὲ ἔχων, ὥστ᾽ ἐκείνου μᾶλλον τοῦτο ὃ δοκεῖ ὁ νοῦς θεῖον
ἔχειν, καὶ ἡ θεωρία τὸ ἥδιστον καὶ ἄριστον. εἰ οὖν οὕτως εὖ ἔχει,
25 ὡς ἡμεῖς ποτέ, ὁ θεὸς ἀεί, θαυμαστόν· εἰ δὲ μᾶλλον, ἔτι θαυμα-
σιώτερον. ἔχει δὲ ὧδε. καὶ ζωὴ δέ γε ὑπάρχει· ἡ γὰρ νοῦ ἐνέργεια
ζωή, ἐκεῖνος δὲ ἡ ἐνέργεια· ἐνέργεια δὲ ἡ καθ᾽ αὑτὴν ἐκείνου ζωὴ
30 ἀρίστη καὶ ἀΐδιος. φαμὲν δὴ τὸν θεὸν εἶναι ζῷον ἀΐδιον ἄριστον,
ὥστε ζωὴ καὶ αἰὼν συνεχὴς καὶ ἀΐδιος ὑπάρχει τῷ θεῷ· τοῦτο
γὰρ ὁ θεός. | ὅσοι δὲ ὑπολαμβάνουσιν, ὥσπερ οἱ Πυθαγόρειοι καὶ
Σπεύσιππος, τὸ κάλλιστον καὶ ἄριστον μὴ ἐν ἀρχῇ εἶναι, διὰ τὸ
καὶ τῶν φυτῶν καὶ τῶν ζῴων τὰς ἀρχὰς αἴτια μὲν εἶναι τὸ δὲ
35 καλὸν καὶ τέλειον ἐν τοῖς ἐκ τούτων, οὐκ ὀρθῶς οἴονται. τὸ γὰρ
σπέρμα ἐξ ἑτέρων ἐστὶ προτέρων τελείων, καὶ τὸ πρῶτον οὐ σπέρμα
1073a ἐστὶν ἀλλὰ τὸ τέλειον· οἷον πρότερον ἄνθρωπον ἂν φαίη τις εἶναι
τοῦ σπέρματος, οὐ τὸν ἐκ τούτου γενόμενον ἀλλ᾽ ἕτερον ἐξ οὗ τὸ
σπέρμα. | ὅτι μὲν οὖν ἔστιν οὐσία τις ἀΐδιος καὶ ἀκίνητος καὶ
5 κεχωρισμένη τῶν αἰσθητῶν, φανερὸν ἐκ τῶν εἰρημένων· δέδεικται
δὲ καὶ ὅτι μέγεθος οὐδὲν ἔχειν ἐνδέχεται ταύτην τὴν οὐσίαν ἀλλ᾽
ἀμερὴς καὶ ἀδιαίρετός ἐστιν (κινεῖ γὰρ τὸν ἄπειρον χρόνον, οὐδὲν

freilich ist das unmöglich), das es ja eine Freude ist, was für ihn seine Tätigkeit ausmacht (und eben deshalb sind für uns Wachen, Wahrnehmen, Denken das Erfreuendste, und Hoffnungen und Erinnerungen um dieserwillen). Denken aber möchte man von sich aus stets das an sich Beste, und je mehr es Denken ist, desto mehr. Nun kann sich der Geist selber denken, insofern er 20 am Gedachten teilbekommt. Er wird nämlich selbst Gedachter, wenn er an die Sache rührt und denkt, so daß denkender Geist und Gedachtes dasselbe sind. Denn das, was das Gedachte und das Sein erst aufzunehmen vermag, ist zwar auch Geist, aber er ist erst wirklich tätig, wenn er es schon hat; daher ist dies mehr als jenes das, was man am Geist für göttlich hält, und die Schau ist das Erfreuendste und Beste. Wenn nun so wohl, wie wir uns zuweilen, der Gott sich immer befindet, ist das etwas Wunder- 25 bares, wenn aber noch mehr, dann ist es noch wunderbarer. So aber befindet er sich wirklich. Auch Leben kommt ihm natürlich zu. Denn die Tätigkeit des Geistes ist Leben, und jener ist die Tätigkeit. Seine Tätigkeit ist an ihm selbst vollkommenes und ewiges Leben. Wir behaupten also, daß der Gott ein lebendiges Wesen, ewig und vollkommen ist, so daß Leben und beständiges, ewiges Dasein dem Gotte zukommen, denn dies ist das Wesen 30 des Gottes.

Alle diejenigen aber, die, wie die Pythagoreer und Speusipp, meinen, das Schönste und Beste liege nicht im Anfang, weil auch bei den Pflanzen und Tieren die Anfänge zwar Ursachen seien, aber das Schöne und Vollendete in dem aus ihnen Herausgebilde- ten liege, denken nicht richtig. Denn der Same stammt ja aus 35 anderen, vorhergehenden, vollendeten Wesen, und das Erste ist nicht Same, sondern das vollendete Wesen, z. B. muß man doch 1073a den Menschen wie früher ansehen als den Samen, natürlich nicht den aus diesem Samen entstehenden, aber einen anderen, von dem der Same war.

Daß es also ein ewiges, unbewegliches und vom Sinnlich- wahrnembaren abgelöstes Sein gibt, ist aus dem Gesagten klar. 5 Es ist aber zugleich erwiesen, daß dieses Sein keine körperliche Ausdehnung haben kann, sondern teillos und unteilbar ist.

δ' ἔχει δύναμιν ἄπειρον πεπερασμένον· ἐπεὶ δὲ πᾶν μέγεθος ἢ
10 ἄπειρον ἢ πεπερασμένον, πεπερασμένον μὲν διὰ τοῦτο οὐκ ἂν ἔχοι
μέγεθος, ἄπειρον δ' ὅτι ὅλως οὐκ ἔστιν οὐδὲν ἄπειρον μέγεθος)·
ἀλλὰ μὴν καὶ ὅτι ἀπαθὲς καὶ ἀναλλοίωτον· πᾶσαι γὰρ αἱ ἄλλαι
κινήσεις ὕστεραι τῆς κατὰ τόπον. ταῦτα μὲν οὖν δῆλα διότι τοῦτο
ἔχει τὸν τρόπον.

15 8) Πότερον δὲ μίαν θετέον τὴν τοιαύτην οὐσίαν ἢ πλείους, καὶ
πόσας, δεῖ μὴ λανθάνειν, ἀλλὰ μεμνῆσθαι καὶ τὰς τῶν ἄλλων ἀπο-
φάσεις, ὅτι περὶ πλήθους οὐδὲν εἰρήκασιν ὅ τι καὶ σαφὲς εἰπεῖν.
ἡ μὲν γὰρ περὶ τὰς ἰδέας ὑπόληψις οὐδεμίαν ἔχει σκέψιν ἰδίαν
(ἀριθμοὺς γὰρ λέγουσι τὰς ἰδέας οἱ λέγοντες ἰδέας, περὶ δὲ τῶν
20 ἀριθμῶν ὁτὲ μὲν ὡς περὶ ἀπείρων λέγουσιν ὁτὲ δὲ ὡς μέχρι τῆς
δεκάδος ὡρισμένων· δι' ἣν δ' αἰτίαν τοσοῦτον τὸ πλῆθος τῶν
ἀριθμῶν, οὐδὲν λέγεται μετὰ σπουδῆς ἀποδεικτικῆς). ἡμῖν δ' ἐκ
τῶν ὑποκειμένων καὶ διωρισμένων λεκτέον. ἡ μὲν γὰρ ἀρχὴ καὶ
25 τὸ πρῶτον τῶν ὄντων ἀκίνητον καὶ καθ' αὑτὸ καὶ κατὰ συμβεβη-
κός, κινοῦν δὲ τὴν πρώτην ἀίδιον καὶ μίαν κίνησιν· ἐπεὶ δὲ τὸ
κινούμενον ἀνάγκη ὑπό τινος κινεῖσθαι, καὶ τὸ πρῶτον κινοῦν
ἀκίνητον εἶναι καθ' αὑτό, καὶ τὴν ἀίδιον κίνησιν ὑπὸ ἀιδίου κινεῖσθαι καὶ τὴν μίαν ὑφ' ἑνός, ὁρῶμεν δὲ παρὰ τὴν τοῦ παντὸς τὴν
30 ἁπλῆν φοράν, ἣν κινεῖν φαμὲν τὴν πρώτην οὐσίαν καὶ ἀκίνητον,
ἄλλας φορὰς οὔσας τὰς τῶν πλανήτων ἀιδίους (ἀίδιον γὰρ καὶ
ἄστατον τὸ κύκλῳ σῶμα· δέδεικται δ' ἐν τοῖς φυσικοῖς περὶ τούτων), ἀνάγκη καὶ τούτων ἑκάστην τῶν φορῶν ὑπ' ἀκινήτου τε
κινεῖσθαι καθ' αὑτὴν καὶ ἀιδίου οὐσίας. ἥ τε γὰρ τῶν ἄστρων

(Denn es ist ja unendliche Zeit bewegend; nichts, was in Grenzen endet, kann aber eine unendliche Fähigkeit besitzen; da nun jede körperliche Ausdehnung entweder unendlich oder begrenzt ist, kommt eine begrenzte Ausdehnung für es eben aus diesem Grunde nicht in Betracht, eine unendliche aber auch nicht, da es überhaupt keine unendliche Ausdehnung geben kann.) Aber auch, daß es unbeeinflußbar und unveränderlich ist, ist klar. Alle anderen Bewegungsarten sind ja der Ortsbewegung nachgeordnet. Dies also ist klar, warum es sich auf diese Weise verhält.

8. Ob man das, was auf diese Art ist, als eines oder als mehreres ansehen muß, und wenn letzteres, als wie viele, darf nicht verborgen bleiben, aber man muß auch bei den Behauptungen anderer bedenken, daß sie über die Anzahl desselben nichts Klares gesagt haben. Die Ideenlehre nämlich betrachtet diese Frage überhaupt nicht (zwar nennen die Anhänger der Ideenlehre die Ideen Zahlen, aber sie reden über die Zahlen bald, als ob es unendlich viele wären, bald als ob sie auf Zehn beschränkt wären; aber aus welchem Grunde die Anzahl der Zahlen gerade diese sein soll, darüber sagen sie nichts in ernsthafter Beweisführung); wir aber müssen von dem Vorliegenden und Erörterten ausgehen. Der Ursprung nämlich und das Erste, was ist, ist unbewegt, sowohl an sich als auch mittelbar, und verursacht die erste Bewegung, die ewig und eine einzige ist. Nun wissen wir: was bewegt wird, wird notwendig von etwas bewegt und das erste Bewegende ist notwendig an ihm selbst unbewegt, und die ewige Bewegung wird von etwas Ewigem bewegt, und zwar diese eine von dem einen Ewigen. Nun sehen wir aber doch neben der einfachen Bewegung des Ganzen, die wir von dem ersten und unbewegten Sein verursacht sein lassen, daß es noch andere Bewegungen gibt, auch ewige, nämlich die der Planeten (ewig und ohne Stillstand ist ja der im Kreise laufende Körper – darüber ist in der Physik der Nachweis gegeben worden). Dann ergibt sich aber mit Notwendigkeit, daß auch jede von diesen Bewegungen von einem sowohl selbst unbewegten als auch ewigen Sein verursacht werden muß. Denn wenn die Natur der

35 φύσις ἀίδιος οὐσία τις οὖσα, καὶ τὸ κινοῦν ἀίδιον καὶ πρότερον
τοῦ κινουμένου, καὶ τὸ πρότερον οὐσίας οὐσίαν ἀναγκαῖον εἶναι.
φανερὸν τοίνυν ὅτι τοσαύτας τε οὐσίας ἀναγκαῖον εἶναι τήν τε
φύσιν ἀϊδίους καὶ ἀκινήτους καθ' αὑτάς, καὶ ἄνευ μεγέθους διὰ
1073b τὴν εἰρημένην αἰτίαν πρότερον. — ὅτι μὲν οὖν εἰσὶν οὐσίαι, καὶ
τούτων τις πρώτη καὶ δευτέρα κατὰ τὴν αὐτὴν τάξιν ταῖς φοραῖς
τῶν ἄστρων, φανερόν· τὸ δὲ πλῆθος ἤδη τῶν φορῶν ἐκ τῆς οἰ-
5 κειοτάτης φιλοσοφίᾳ τῶν μαθηματικῶν ἐπιστημῶν δεῖ σκοπεῖν,
ἐκ τῆς ἀστρολογίας· αὕτη γὰρ περὶ οὐσίας αἰσθητῆς μὲν ἀϊδίου
δὲ ποιεῖται τὴν θεωρίαν, αἱ δ' ἄλλαι περὶ οὐδεμιᾶς οὐσίας, οἷον ἥ τε
περὶ τοὺς ἀριθμοὺς καὶ τὴν γεωμετρίαν. ὅτι μὲν οὖν πλείους τῶν
φερομένων αἱ φοραί, φανερὸν τοῖς καὶ μετρίως ἡμμένοις (πλείους
10 γὰρ ἕκαστον φέρεται μιᾶς τῶν πλανωμένων ἄστρων). πόσαι δ'
αὗται τυγχάνουσιν οὖσαι, νῦν μὲν ἡμεῖς ἃ λέγουσι τῶν μαθηματικῶν τινες ἐννοίας χάριν λέγομεν, ὅπως ᾖ τι τῇ διανοίᾳ πλῆθος
ὡρισμένον ὑπολαβεῖν· τὸ δὲ λοιπὸν τὰ μὲν ζητοῦντας αὐτοὺς δεῖ
15 τὰ δὲ πυνθανομένους παρὰ τῶν ζητούντων, ἄν τι φαίνηται παρὰ
τὰ νῦν εἰρημένα τοῖς ταῦτα πραγματευομένοις, φιλεῖν μὲν ἀμφο-
τέρους, πείθεσθαι δὲ τοῖς ἀκριβεστέροις. —

1074b παραδέδοται δὲ παρὰ τῶν ἀρχαίων καὶ παμπαλαίων ἐν μύθου
σχήματι καταλελειμμένα τοῖς ὕστερον ὅτι θεοί τέ εἰσιν οὗτοι καὶ
περιέχει τὸ θεῖον τὴν ὅλην φύσιν. τὰ δὲ λοιπὰ μυθικῶς ἤδη προσ-
5 ῆκται πρὸς τὴν πειθὼ τῶν πολλῶν καὶ πρὸς τὴν εἰς τοὺς νόμους
καὶ τὸ συμφέρον χρῆσιν· ἀνθρωποειδεῖς τε γὰρ τούτους καὶ τῶν
ἄλλων ζῴων ὁμοίους τισὶ λέγουσι, καὶ τούτοις ἕτερα ἀκόλουθα

Gestirne ewig und wirkliches Sein ist und wenn das Bewegende ebenfalls ewig und früher als das Bewegte ist, dann muß auch, was früher als Sein ist, notwendig selbst Sein sein. Also ist klar, daß es entsprechend vieles solcherart Seiende, und zwar von Natur ewiges und selber unbewegtes und ausdehnungsloses geben muß – eben aus den obigen Gründen. 1073 b

Daß es wirklich solches Seiende gibt und zwar so, daß eines unter ihnen das erste und ein anderes das zweite ist, genau in der gleichen Anordnung wie die Bewegungen der Gestirne, ist klar. Die genaue Zahl der Bewegungen aber muß man allein aus derjenigen mathematischen Disziplin ersehen, die der Philosophie 5 am nächsten steht: aus der Astronomie; denn diese hat zum Gegenstand ihrer Erforschung ein sichtbares, aber ewiges Sein, die anderen mathematischen Disziplinen dagegen haben es überhaupt nicht mit wirklichem Sein zu tun, z. B. die Zahlenlehre und die Geometrie. Daß nun die Bewegungen größer an Zahl sein müssen als die bewegten Körper, ist jedem, der sich einigermaßen damit befaßt hat, klar (jedes der Planetengestirne bewegt 10 sich ja in mehr als einer Bewegung). Was aber die Frage angeht, wieviele es im Einzelnen sind, so wollen wir vors erste zur Veranschaulichung anführen, was gewisse Mathematiker darüber sagen, damit eine bestimmte Zahl vorliegt, an die sich das Denken halten kann, im übrigen aber wollen wir die Sache teils selber erforschen teils von Forschern uns belehren lassen, wenn sich den darüber Arbeitenden die Sache anders herausstellt, als wir jetzt angeben; auch wenn man beide Parteien gleich schätzt, 15 muß man sich doch den genaueren anschließen.

[Es folgt ein Referat über die Astronomie des Eudoxos und des Kallippos.]

Es ist aber von den Vorfahren und den Altvorderen in sagen- 1074 b hafter Gestalt den Späteren überliefert, daß diese Gestirngeister Götter sind und daß das Göttliche die ganze Natur umschlossen hält. – Alles übrige ist bloß sagenhaft angehängt für den Glauben der Menge und für die Anwendung auf die Gesetze und das 5 Staatswohl: sie seien menschenähnlich oder auch gewissen anderen Tieren gleichend, behaupten sie, und anderes mit diesem

καὶ παραπλήσια τοῖς εἰρημένοις, ὧν εἴ τις χωρίσας αὐτὸ λάβοι
μόνον τὸ πρῶτον, ὅτι θεοὺς ᾤοντο τὰς πρώτας οὐσίας εἶναι,
10 θείως ἂν εἰρῆσθαι νομίσειεν, καὶ κατὰ τὸ εἰκὸς πολλάκις εὑρη-
μένης εἰς τὸ δυνατὸν ἑκάστης καὶ τέχνης καὶ φιλοσοφίας καὶ πάλιν
φθειρομένων καὶ ταύτας τὰς δόξας ἐκείνων οἷον λείψανα περισε-
σῶσθαι μέχρι τοῦ νῦν. ἡ μὲν οὖν πάτριος δόξα καὶ ἡ παρὰ τῶν
πρώτων ἐπὶ τοσοῦτον ἡμῖν φανερὰ μόνον.

15 9) Τὰ δὲ περὶ τὸν νοῦν ἔχει τινὰς ἀπορίας· δοκεῖ μὲν γὰρ εἶναι
τῶν φαινομένων θειότατον, πῶς δ' ἔχων τοιοῦτος ἂν εἴη, ἔχει
τινὰς δυσκολίας. εἴτε γὰρ μηδὲν νοεῖ, τί ἂν εἴη τὸ σεμνόν, ἀλλ'
ἔχει ὥσπερ ἂν εἰ ὁ καθεύδων· εἴτε νοεῖ, τούτου δ' ἄλλο κύριον,
20 οὐ γάρ ἐστι τοῦτο ὅ ἐστιν αὐτοῦ ἡ οὐσία νόησις, ἀλλὰ δύναμις,
οὐκ ἂν ἡ ἀρίστη οὐσία εἴη· διὰ γὰρ τοῦ νοεῖν τὸ τίμιον αὐτῷ
ὑπάρχει. | ἔτι δὲ εἴτε νοῦς ἡ οὐσία αὐτοῦ εἴτε νόησίς ἐστι, τί νοεῖ;
ἢ γὰρ αὐτὸς αὑτὸν ἢ ἕτερόν τι· καὶ εἰ ἕτερόν τι, ἢ τὸ αὐτὸ ἀεὶ ἢ
ἄλλο. πότερον οὖν διαφέρει τι ἢ οὐδὲν τὸ νοεῖν τὸ καλὸν ἢ τὸ
25 τυχόν; ἢ καὶ ἄτοπον τὸ διανοεῖσθαι περὶ ἐνίων; δῆλον τοίνυν ὅτι
τὸ θειότατον καὶ τιμιώτατον νοεῖ, καὶ οὐ μεταβάλλει· εἰς χεῖρον
γὰρ ἡ μεταβολή, καὶ κίνησίς τις ἤδη τὸ τοιοῦτον. | πρῶτον μὲν
οὖν εἰ μὴ νόησίς ἐστιν ἀλλὰ δύναμις, εὔλογον ἐπίπονον εἶναι τὸ
30 συνεχὲς αὐτῷ τῆς νοήσεως. | ἔπειτα δῆλον ὅτι ἄλλο τι ἂν εἴη τὸ
τιμιώτερον ἢ ὁ νοῦς, τὸ νοούμενον. καὶ γὰρ τὸ νοεῖν καὶ ἡ νόησις
ὑπάρξει καὶ τὸ χείριστον νοοῦντι, ὥστ' εἰ φευκτὸν τοῦτο (καὶ γὰρ

Zusammenstimmendes und mit dem Gesagten Verwandtes. Wenn man aus all dem die Sache herausschält und in ihrem ursprünglichen Sinne allein nimmt, daß sie nämlich das erste Sein für Götter hielten, so möchte man diese Behauptung in der Tat göttlich finden und glauben, wenn es wahrscheinlich ist, daß jede Kunst und jedes Wissen soweit möglich öfters gefunden wird und wieder versinkt, daß diese Meinungen wie Überbleibsel jenes Wissens sich bis zum heutigen Tage erhalten haben. Der Glaube der Väter und der Urzeit ist uns jedenfalls nur soweit verständlich.

9. Unsere Sätze über den Geist enthalten aber noch einige Schwierigkeiten. Man meint doch, daß er von allem, was es gibt, das Göttlichste sei. Wie er aber sein muß, um dies sein zu können, darin liegt einiges Fragwürdige. Einerseits nämlich: dann wenn er nichts denkt, was ist er dann Großes? Dann verhält er sich ja wie der Schlafende. Andererseits: dann wenn er denkt und es so etwas anderes, für ihn Bestimmendes gibt (dann ist ja das, was sein Wesen ausmacht, nicht Denken, sondern bloße Möglichkeit dazu), so kann er nicht das vollkommenste Sein sein. Denn durch das Denken kommt ihm dann erst seine Würde zu.

Und weiter: Mag sein Wesen (potentieller) Geist oder (aktuelles) Denken sein: was denkt er eigentlich? Doch entweder sich selbst oder etwas anderes; und wenn etwas anderes, so entweder immer dasselbe oder je etwas anderes. Macht es nun einen Unterschied – oder etwa keinen – ob er das Schöne oder das erste Beste denkt? Ist es nicht bei einigem geradezu absurd, darauf das Nachdenken zu richten? Es ist also klar, daß er nur das Göttlichste und Allerwürdigste denken darf und zwar, ohne zu wechseln. Denn ein Wechsel könnte ja nur zum Geringeren führen – auch wäre derartiges ja schon eine Bewegung.

Auf den ersten Punkt ist also zu sagen: wenn er nicht (aktuelles) Denken, sondern bloße Möglichkeit dazu ist, so folgt daraus, daß das anhaltende Denken für ihn anstrengend sein müßte; zweitens ist klar, daß es dann etwas anderes, Würdigeres gäbe als den Geist, nämlich das, was er denkt. Denn das Geistsein und Denken wird ja auch dem das Geringste Denkenden

μὴ ὁρᾶν ἔνια κρεῖττον ἢ ὁρᾶν), οὐκ ἂν εἴη τὸ ἄριστον ἡ νόησις. |
αὑτὸν ἄρα νοεῖ, εἴπερ ἐστὶ τὸ κράτιστον, καὶ ἔστιν ἡ νόησις νοή-
35 σεως νόησις. φαίνεται δ᾽ ἀεὶ ἄλλου ἡ ἐπιστήμη καὶ ἡ αἴσθησις καὶ
ἡ δόξα καὶ ἡ διάνοια, αὑτῆς δ᾽ ἐν παρέργῳ. | ἔτι εἰ ἄλλο τὸ νοεῖν
καὶ τὸ νοεῖσθαι, κατὰ πότερον αὐτῷ τὸ εὖ ὑπάρχει; οὐδὲ γὰρ
1075a ταὐτὸ τὸ εἶναι νοήσει καὶ νοουμένῳ. ἢ ἐπ᾽ ἐνίων ἡ ἐπιστήμη τὸ
πρᾶγμα, ἐπὶ μὲν τῶν ποιητικῶν ἄνευ ὕλης ἡ οὐσία καὶ τὸ τί ἦν εἶναι,
ἐπὶ δὲ τῶν θεωρητικῶν ὁ λόγος τὸ πρᾶγμα καὶ ἡ νόησις; οὐχ ἑτέρου
οὖν ὄντος τοῦ νοουμένου καὶ τοῦ νοῦ, ὅσα μὴ ὕλην ἔχει, τὸ αὐτὸ
5 ἔσται, καὶ ἡ νόησις τῷ νοουμένῳ μία. | ἔτι δὴ λείπεται ἀπορία,
εἰ σύνθετον τὸ νοούμενον· μεταβάλλοι γὰρ ἂν ἐν τοῖς μέρεσι τοῦ
ὅλου. ἢ ἀδιαίρετον πᾶν τὸ μὴ ἔχον ὕλην — ὥσπερ ὁ ἀνθρώπινος
νοῦς ἢ ὅ γε τῶν συνθέτων ἔχει ἔν τινι χρόνῳ (οὐ γὰρ ἔχει τὸ εὖ ἐν
τῳδὶ ἢ ἐν τῳδί, ἀλλ᾽ ἐν ὅλῳ τινὶ τὸ ἄριστον, ὂν ἄλλο τι) — οὕτως
10 δ᾽ ἔχει αὐτὴ αὑτῆς ἡ νόησις τὸν ἅπαντα αἰῶνα;

10)᾽Επισκεπτέον δὲ καὶ ποτέρως ἔχει ἡ τοῦ ὅλου φύσις τὸ ἀγαθὸν
καὶ τὸ ἄριστον, πότερον κεχωρισμένον τι καὶ αὐτὸ καθ᾽ αὑτό,
ἢ τὴν τάξιν. ἢ ἀμφοτέρως ὥσπερ στράτευμα; καὶ γὰρ ἐν τῇ τάξει
15 τὸ εὖ καὶ ὁ στρατηγός, καὶ μᾶλλον οὗτος· οὐ γὰρ οὗτος διὰ τὴν
τάξιν ἀλλ᾽ ἐκείνη διὰ τοῦτόν ἐστιν. πάντα δὲ συντέτακταί πως,

zukommen, so daß wenn dieses zu meiden wäre, (denn auch für das Sehen gilt ja, daß es bei einigem besser ist, es nicht zu sehen als es zu sehen), dann das Denken nicht das Beste von allem sein könnte.

Folglich denkt er sich selbst, wenn anders er das Oberste ist, und im Grunde ist dann Denken Denken des Denkens. Freilich tritt die Wissenschaft, die Wahrnehmung, die Meinung und das 35 Denken sonst immer in der Weise in Erscheinung, daß sie auf etwas anderes gehen, auf sich selbst dagegen nur nebenher.

Ferner, wenn das Denken und das Gedachtwerden etwas verschiedenes sind, so fragt es sich, in welcher der beiden Hinsichten ihm das Gutsein zukommt. Auch ist Denkendsein und Gedachtsein doch nicht dasselbe; oder ist es bei einigem doch so, daß das Wissen die Sache selbst ist? Bei den herstellenden Künsten 1075a nämlich ist gewiß unter Absehung vom Stoffe das Sein der Form und das Wesen, bei den theoretischen Wissenschaften vollends der Begriff und das Denken die Sache selbst. Da das Gedachte und der Geist bei allem, was keinen Stoff hat, nicht voneinanderverschieden sind, wird es also doch dasselbe sein und das Denken mit dem Gedachten eins.

Ferner bleibt noch die Schwierigkeit, ob das Gedachte Zu- 5 sammensetzung enthält. Dann nämlich würde es in den Teilen des Ganzen wechseln können. Aber alles, was keinen Stoff hat, ist doch wohl unteilbar. Denn so wie der menschliche Geist und was am Zusammengesetzten teilhat, sich in einer begrenzten Zeit befindet – er nämlich das Gutsein nicht jetzt in diesem oder jetzt in jenem, sondern in einem Ganzen hat er die Vollendung, wobei er selbst davon verschieden bleibt –, so verhält sich das Denken, das ganz nur sich selber denkt, die ganze Zeit? 10

10. Es ist aber auch noch zu betrachten, auf welche Weise die Natur des Ganzen das Gute und das Beste enthält: ob als etwas Abgelöstes und ganz für sich, oder ob als seine eigene Ordnung. Oder vielleicht auf beide Weise, wie bei einem Heer? Denn dort besteht das Gutsein sowohl in der Ordnung als auch im Feldherrn – und in ihm in höherem Grade. Denn nicht ist dieser durch die Ordnung bestimmt, sondern diese durch ihn. 15

ἀλλ᾽ οὐχ ὁμοίως, καὶ πλωτὰ καὶ πτηνὰ καὶ φυτά· καὶ οὐχ οὕτως
ἔχει ὥστε μὴ εἶναι θατέρῳ πρὸς θάτερον μηδέν, ἀλλ᾽ ἔστι τι.
πρὸς μὲν γὰρ ἓν ἅπαντα συντέτακται, ἀλλ᾽ ὥσπερ ἐν οἰκίᾳ τοῖς
20 ἐλευθέροις ἥκιστα ἔξεστιν ὅ τι ἔτυχε ποιεῖν, ἀλλὰ πάντα ἢ τὰ
πλεῖστα τέτακται, τοῖς δὲ ἀνδραπόδοις καὶ τοῖς θηρίοις μικρὸν
τὸ εἰς τὸ κοινόν, τὸ δὲ πολὺ ὅ τι ἔτυχεν· τοιαύτη γὰρ ἑκάστου
ἀρχὴ αὐτῶν ἡ φύσις ἐστίν. λέγω δ᾽ οἷον εἴς γε τὸ διακριθῆναι
25 ἀνάγκη ἅπασιν ἐλθεῖν, καὶ ἄλλα οὕτως ἔστιν ὧν κοινωνεῖ ἅπαντα
εἰς τὸ ὅλον. — ὅσα δὲ ἀδύνατα συμβαίνει ἢ ἄτοπα τοῖς ἄλλως
λέγουσι, καὶ ποῖα οἱ χαριεστέρως λέγοντες, καὶ ἐπὶ ποίων ἐλάχισται
ἀπορίαι, δεῖ μὴ λανθάνειν. πάντες γὰρ ἐξ ἐναντίων ποιοῦσι πάντα.
οὔτε δὲ τὸ πάντα οὔτε τὸ ἐξ ἐναντίων ὀρθῶς, οὔτ᾽ ἐν ὅσοις τὰ
30 ἐναντία ὑπάρχει, πῶς ἐκ τῶν ἐναντίων ἔσται, οὐ λέγουσιν· ἀπαθῆ
γὰρ τὰ ἐναντία ὑπ᾽ ἀλλήλων. ἡμῖν δὲ λύεται τοῦτο εὐλόγως τῷ
τρίτον τι εἶναι. οἱ δὲ τὸ ἕτερον τῶν ἐναντίων ὕλην ποιοῦσιν, ὥσπερ
οἱ τὸ ἄνισον τῷ ἴσῳ ἢ τῷ ἑνὶ τὰ πολλά. λύεται δὲ καὶ τοῦτο τὸν
35 αὐτὸν τρόπον· ἡ γὰρ ὕλη ἡ μία οὐδενὶ ἐναντίον. / ἔτι ἅπαντα τοῦ
φαύλου μεθέξει ἔξω τοῦ ἑνός· τὸ γὰρ κακὸν αὐτὸ θάτερον τῶν
στοιχείων. / οἱ δ᾽ ἄλλοι οὐδ᾽ ἀρχὰς τὸ ἀγαθὸν καὶ τὸ κακόν· καίτοι
ἐν ἅπασι μάλιστα τὸ ἀγαθὸν ἀρχή. οἱ δὲ τοῦτο μὲν ὀρθῶς ὅτι

Nun gehört alles einer Ordnung an, aber nicht in der gleichen Weise, z.B. Fische, Vögel und Pflanzen, und die Sache liegt nicht so, daß das Eine mit dem Andern gar nichts zu tun hätte, sondern es hat miteinander zu tun. Denn alles ist auf Eines hin geordnet, und das so, wie in einem Hauswesen den Freien am wenigsten frei steht, aufs Geratewohl zu handeln, sondern sie in allem oder dem meisten an eine Ordnung gebunden sind, während die Sklaven und die Tiere nur zum kleineren Teile auf das Allgemeine bezogen sind, zum größeren Teil ihrem Belieben überlassen bleiben. Denn derart bestimmend ist für jedes von ihnen seine Natur. Ich meine aber, daß für alles wenigstens die eine Notwendigkeit besteht, zur Auflösung zu kommen – und so kann wieder anderes sein, bei dem alles auf das gemeinsame Ganze gerichtet ist. ²⁰

Was für Unmöglichkeiten und Widersinnigkeiten sich aber für die ergeben, die anderer Meinung sind, und wie sich die feineren Köpfe die Sache denken und bei welchen Annahmen die wenigsten Schwierigkeiten übrigbleiben, darf nicht verborgen bleiben. Alle nämlich lassen alles aus Gegensätzen sein. Aber weder „alles", noch das „aus Gegensätzen", ist richtig, noch auch sagen sie dort, wo wirklich Gegensätze vorliegen, wie es aus den Gegensätzen soll sein können. Denn die Gegensätze selbst können ja aufeinander gar nicht wirken. Für uns löst sich dies leicht dadurch, daß ein drittes existiert. Manche nun machen das eine Glied der Gegensätze zum Stoff, so wie die, die für das Gleiche das Ungleiche oder für das Eine das Viele als Stoff annehmen. Auch das aber löst sich auf dieselbe Weise. Denn der Stoff ist einer und ist zu nichts der Gegensatz. ²⁵

Ferner würde alles am Schlechten teilhaben – außer dem Einen selbst. Denn das Schlechte ist selbst das eine der beiden Gegensatzglieder. ³⁵

Wieder andere halten das Gute und das Schlechte überhaupt nicht für Ursprung. Und doch ist in allem am allermeisten das Gute Ursprung.

ἀρχήν, ἀλλὰ πῶς τὸ ἀγαθὸν ἀρχὴ οὐ λέγουσιν, πότερον ὡς τέλος
ἢ ὡς κινῆσαν ἢ ὡς εἶδος. ἀτόπως δὲ καὶ Ἐμπεδοκλῆς· τὴν γὰρ
φιλίαν ποιεῖ τὸ ἀγαθόν, αὕτη δ᾽ ἀρχὴ καὶ ὡς κινοῦσα (συνάγει
γάρ) καὶ ὡς ὕλη· μόριον γὰρ τοῦ μίγματος. εἰ δὴ καὶ τῷ αὐτῷ
5 συμβέβηκεν καὶ ὡς ὕλη ἀρχῇ εἶναι καὶ ὡς κινοῦντι, ἀλλὰ τό γ᾽
εἶναι οὐ ταὐτό. κατὰ πότερον οὖν φιλία; ἄτοπον δὲ καὶ τὸ ἄφθαρ-
τον εἶναι τὸ νεῖκος· τοῦτο δ᾽ ἐστὶν αὐτὸ ἡ τοῦ κακοῦ φύσις. Ἀναξαγόρας δὲ ὡς κινοῦν τὸ ἀγαθὸν ἀρχήν· ὁ γὰρ νοῦς κινεῖ. ἀλλὰ κινεῖ
10 ἕνεκά τινος, ὥστε ἕτερον, πλὴν ὡς ἡμεῖς λέγομεν· ἡ γὰρ ἰατρικὴ
ἐστί πως ἡ ὑγίεια. ἄτοπον δὲ καὶ τὸ ἐναντίον μὴ ποιῆσαι τῷ
ἀγαθῷ καὶ τῷ νῷ. πάντες δ᾽ οἱ τἀναντία λέγοντες οὐ χρῶνται
τοῖς ἐναντίοις, ἐὰν μὴ ῥυθμίσῃ τις. καὶ διὰ τί τὰ μὲν φθαρτὰ τὰ
δ᾽ ἄφθαρτα, οὐδεὶς λέγει· πάντα γὰρ τὰ ὄντα ποιοῦσιν ἐκ τῶν
15 αὐτῶν ἀρχῶν. ἔτι οἱ μὲν ἐκ τοῦ μὴ ὄντος ποιοῦσι τὰ ὄντα· οἱ δ᾽
ἵνα μὴ τοῦτο ἀναγκασθῶσιν, ἓν πάντα ποιοῦσιν. — ἔτι διὰ τί ἀεὶ
ἔσται γένεσις καὶ τί αἴτιον γενέσεως, οὐδεὶς λέγει. καὶ τοῖς δύο
ἀρχὰς ποιοῦσιν ἄλλην ἀνάγκη ἀρχὴν κυριωτέραν εἶναι, καὶ τοῖς
20 τὰ εἴδη ἔτι ἄλλη ἀρχὴ κυριωτέρα· διὰ τί γὰρ μετέσχεν ἢ μετέχει;
καὶ τοῖς μὲν ἄλλοις ἀνάγκη τῇ σοφίᾳ καὶ τῇ τιμιωτάτῃ ἐπιστήμῃ
εἶναί τι ἐναντίον, ἡμῖν δ᾽ οὔ. οὐ γάρ ἐστιν ἐναντίον τῷ πρώτῳ
οὐδέν· πάντα γὰρ τὰ ἐναντία ὕλην ἔχει, καὶ δυνάμει ταῦτα ἔστιν·

Wieder andere sagen dies zwar richtig, daß es Ursprung ist, aber wie das Gute Ursprung ist, ob als der Zweck oder als das Bewegende oder als Eidos, sagen sie nicht. 1075 b

Seltsam lehrt auch Empedokles, denn er nimmt die Liebe als das Gute, sie ist aber Ursprung sowohl als bewegende (denn sie vereinigt) als auch als Stoff (denn sie ist Bestandteil des Gemisches). Wenn es nun auch einmal sein kann, daß dasselbe 5 als Stoff Ursprung ist und als Bewegendes, so ist doch das Wesen dieser Ursprünge nicht dasselbe. In welchem Sinn soll nun die Liebe Ursprung sein? Seltsam ist auch, daß die Zwietracht unvergänglich sein soll. Denn sie ist doch selbst nichts als die Natur des Schlechten.

Anaxagoras macht wenigstens allein das Gute als Bewegendes zum Ursprung. Denn der Geist ist bewegend. Aber er bewegt ja um etwas willen, so daß doch ein anderes Ursprung ist – es sei denn, er meint es wie wir. Denn die Heilkunde ist in gewis- 10 sem Sinne die Gesundheit. Seltsam ist aber auch, daß er zum Guten und zum Geiste keinen Gegensatz kennt. Alle aber, die Gegensätze annehmen, machen von ihnen keinen Gebrauch, wenn man nicht von sich aus ihre Lehre in Ordnung bringt. Und warum das Eine vergänglich, das Andere unvergänglich ist, vermag keiner zu sagen. Denn alles, was ist, machen sie aus den gleichen Ursprüngen.

Ferner lassen die einen das Seiende aus dem Nichtseienden kommen, die anderen, damit sie das vermeiden, machen alles zu 15 Einem.

Ferner sagt keiner, warum es immer Werden geben soll und was Ursache des Werdens ist. Auch für die, die zwei Ursprünge annehmen, muß noch ein anderer Ursprung bestimmender sein. Auch für diejenigen, die die Ideen annehmen, müßte ein anderer Ursprung bestimmender sein. Denn warum bekam etwas an der Idee teil oder hat es teil?

Auch muß es für alle andern zu der Weisheit und der ehr- 20 würdigsten Wissenschaft einen Gegensatz geben, für uns aber nicht. Denn dem Ersten ist ja nichts entgegengesetzt. Denn alles Entgegengesetzte hat Stoff und muß der Möglichkeit nach

ἡ δὲ ἐναντία ἄγνοια εἰς τὸ ἐναντίον, τῷ δὲ πρώτῳ ἐναντίον οὐδέν.
25 εἴ τε μὴ ἔσται παρὰ τὰ αἰσθητὰ ἄλλα, οὐκ ἔσται ἀρχὴ καὶ τάξις
καὶ γένεσις καὶ τὰ οὐράνια, ἀλλ᾽ ἀεὶ τῆς ἀρχῆς ἀρχή, ὥσπερ τοῖς
θεολόγοις καὶ τοῖς φυσικοῖς πᾶσιν. εἰ δ᾽ ἔσται τὰ εἴδη ἢ ⟨οἱ⟩
ἀριθμοί, οὐδενὸς αἴτια· εἰ δὲ μή, οὔτι κινήσεώς γε. ἔτι πῶς ἔσται
ἐξ ἀμεγεθῶν μέγεθος καὶ συνεχές; ὁ γὰρ ἀριθμὸς οὐ ποιήσει
30 συνεχές, οὔτε ὡς κινοῦν οὔτε ὡς εἶδος. ἀλλὰ μὴν οὐδέν γ᾽ ἔσται
τῶν ἐναντίων ὅπερ καὶ ποιητικὸν καὶ κινητικόν· ἐνδέχοιτο γὰρ ἂν
μὴ εἶναι. ἀλλὰ μὴν ὕστερόν γε τὸ ποιεῖν δυνάμεως. οὐκ ἄρα ἀΐδια
τὰ ὄντα. ἀλλ᾽ ἔστιν· ἀναιρετέον ἄρα τούτων τι. τοῦτο δ᾽ εἴρηται
35 πῶς. ἔτι τίνι οἱ ἀριθμοὶ ἓν ἢ ἡ ψυχὴ καὶ τὸ σῶμα καὶ ὅλως τὸ
εἶδος καὶ τὸ πρᾶγμα, οὐδὲν λέγει οὐδείς· οὐδ᾽ ἐνδέχεται εἰπεῖν,
ἐὰν μὴ ὡς ἡμεῖς εἴπῃ, ὡς τὸ κινοῦν ποιεῖ. οἱ δὲ λέγοντες τὸν
ἀριθμὸν πρῶτον τὸν μαθηματικὸν καὶ οὕτως ἀεὶ ἄλλην ἐχομένην
1076a οὐσίαν καὶ ἀρχὰς ἑκάστης ἄλλας, ἐπεισοδιώδη τὴν τοῦ παντὸς
οὐσίαν ποιοῦσιν (οὐδὲν γὰρ ἡ ἑτέρα τῇ ἑτέρᾳ συμβάλλεται οὖσα
ἢ μὴ οὖσα) καὶ ἀρχὰς πολλάς· τὰ δὲ ὄντα οὐ βούλεται πολι-
τεύεσθαι κακῶς. «οὐκ ἀγαθὸν πολυκοιρανίη· εἷς κοίρανος ἔστω.»

dies sein. Die den Gegensatz darstellende Unwissenheit müßte also auf das (dem Sein) Entgegengesetzte gehen, für das Erste aber gibt es kein Entgegengesetztes.

Und wenn es außer den sichtbaren Dingen anderes nicht 25 geben soll, wird es keinen ersten Ursprung, keine Ordnung, kein Werden, kein Sternsystem geben, sondern immer wird für jeden Ursprung ein weiterer Ursprung existieren müssen, wie für die Theologen und die Naturphilosophen alle.

Wenn es aber die Ideen oder die Zahlen geben soll, so sind sie für nichts Ursachen – oder wenigstens nicht für die Bewegung. Ferner, wie soll aus Ausdehnungslosem Ausdehnung und Kontinuum bestehen? Denn die Zahl wird kein Kontinuum 30 zustandebringen, weder als bewegende Ursache noch als Eidos. Überhaupt aber kann niemals eine der gegensätzlichen Bestimmungen das Bewirkende oder Bewegende schlechthin sein. Denn es kann ja immer auch sein, daß sie gerade nicht sind, und jedenfalls wäre ihr Wirken später als die Möglichkeit. Also wäre das Seiende nicht ewig. Aber es gibt ewiges Sein. Also ist von diesen Annahmen etwas aufzugeben. Wie, ist schon gesagt 35 worden. Ferner: wodurch die Zahlen oder Seele und Körper und überhaupt Eidos und Sache eins sind, darüber sagt keiner etwas. Auch kann das keiner sagen, wenn er nicht, wie wir, sagt, daß das Bewegende dies bewirkt.

Diejenigen aber, die die mathematische Zahl als das Erste ansetzen und so immer ein weiteres Sein anschließend und für jedes eigene Ursprünge, machen das Sein des All zu einer 1076a unzusammenhängenden Folge (denn nicht trägt das eine zum anderen bei, ob es ist oder nicht) und kommen zu zahllosen Ursprüngen. Die Dinge wollen aber nicht schlecht regiert werden. „Nimmer ist gut die Herrschaft von vielen – Ein Herrscher gebiete".

Nachwort

Der Gedankengang des Textes ist in klarer Weise aufgebaut: das erste Kapitel bezeichnet das Thema und zeichnet die Ordnung der Probleme vor. Dem entspricht die Ausführung, sofern das 2. bis 5. Kapitel vom sinnlich wahrnehmbaren Sein, das 6.–10. Kapitel vom nur im Denken erfaßbaren, intelligiblen (noëtischen) Sein handeln. Im einzelnen bedarf freilich die Durchführung des Gedankenganges einiger Erläuterung. Auf die Rechtfertigung der vorgelegten Übersetzung wird dabei grundsätzlich verzichtet. Die Erläuterungen wollen nur dem sachlichen Verständnis der Übersetzung zu Hilfe kommen, ohne übrigens die Einzelerklärung zu übernehmen, für die auf die Kommentare von H. Bonitz und von W. D. Ross verwiesen sei.

1. Kapitel

Daß mit „Sein" (οὐσία) ein ganz bestimmter Sinn verbunden ist, geht aus der Abgrenzung hervor: nur Seiendes, das in einem ursprünglichen Sinne ist, soll Gegenstand sein. Aristoteles setzt hier den Unterschied der sog. Kategorien voraus. Es gibt Seiendes im Sinne der „Substanz", das allen sonstigen Seinsaussagen vorgeordnet ist, wie immer auch die Differenzierung des Sinnes von Sein, die die Kategorien darstellen, gedacht werden mag. Die Selbstverständlichkeit mit der hier die Kategorienlehre den Sinn von οὐσία festlegt, kontrastiert eigentümlich mit den beiden Vorstellungen des πᾶν, ein Ganzes oder eine Reihe zu sein. Das klingt nicht so, als ob es ursprünglich auf das Verhältnis der οὐσία zu den Kategorien gemünzt war. Ein Ganzes, in dem οὐσία erster Bestandteil ist, läßt eher an akademische Theoreme über die Idee denken, z.B. an Eudoxos, der die Ideen als in das Seiende eingemischt dachte. Das würde ergeben, daß das „Sein" der erste Bestandteil des Seienden ist. Vollends denkt man bei der Vorstellung, daß das All eine Reihe sei, nicht an die Reihung der Kategorien, sondern an die von Aristoteles wiederholt herangezogene Lehre des Speusipp (vgl. unten 1075b 37 und Metaphysik Buch 2, 1028b 21), die jedenfalls nicht von den Kategorien, sondern von den Seinsbereichen, von Zahl, Größe,

Seele einen solchen Reihenaufbau lehrte. Beide Theorien gehören offenbar zur akademischen Diskussion der Ideenlehre und Aristoteles kann deshalb auf sie anspielen. Sie bestätigen den Vorrang der οὐσία, ob dieselbe nun als Idee oder als Zahl gefaßt ist. Aristoteles will offenbar allen sekundären Sinn von kategorialem Sein (ebenso wie den rein „logischen" Seinsanspruch von Negationen) hier fernhalten.

Von solchem Sein, das „für sich" und nicht, wie das Sein irgendwelcher Eigenschaften, auf etwas anderes bezogen, also vom konkreten Einzelnen handelten auch von jeher die Philosophen (wenn man von den Heutigen, d.h. den Platonikern, absieht) – es ist deutlich, daß Aristoteles hier gegenüber den Platonikern ein älteres Seinsverständnis verteidigen will.

Indes zeigt die folgende Gliederung in drei Seinsarten und Seinsbereiche, daß er das Recht der platonischen Philosophie nicht verkennt: neben den sichtbaren Dingen, den vergänglichen und den ewigen, d. i. den Gestirnen, könnte es noch ein unveränderliches Sein geben, das ebenfalls im ursprünglichen Sinne Sein ist. Ein solches sind die Ideen, falls die Platoniker Recht haben. Freilich, wenn diese Ideen kein wahres Fürsichsein haben, wie Aristoteles selber meint, oder wenn sie mathematische Wesenheiten sind, so wäre alles Physik. Denn da sie auf das Sein der Natur zurückführen, sind sie schlechte Zeugen für ein „unbewegtes Sein" im vollen Sinne des „Seins". Aber bei aller Ablehnung der „Ideen" geht Aristoteles nicht so weit, ein über die Natur hinausliegendes Sein überhaupt zu leugnen. Er bleibt Platoniker, und daher geht die Seinsphilosophie nicht in der Physik auf, sondern reicht über sie hinaus, „hinter die Physik" (Meta-Physik); sie ist eine „andere" Wissenschaft, die vielleicht auf eine gemeinsame ἀρχή alles Seienden führt (vgl. 1064b, 11ff.).

Zunächst freilich ist das unbezweifelbare Sein der sichtbaren Welt Gegenstand der Untersuchung. Diese Untersuchung beginnt mit dem letzten Abschnitt des ersten Kapitels und reicht bis zum Ende des fünften. Die Seinsweise des Sichtbaren ist die der Bewegung. Zu jeder Bewegung gehört, daß sie von etwas zu etwas geht. Der formale Grundcharakter dessen, was die Weisen der Bewegung sind, heißt deshalb Wechsel (μεταβολή = „Umschlag") und schließt die Gegensätzlichkeit des Von und Zu ein. Insofern gehört also zu den Ursprüngen solchen Seins die Gegensätzlichkeit dessen, was jetzt und dessen was dann ist: jetzt: hier, dann: dort; jetzt: klein, dann: groß; jetzt nicht-da, dann da;

jetzt so, dann anders. Nun ist es klar, daß jeder solche Umschlag entweder das Sein der Sache eigentlicher ausfüllt – dann ist der überwundene Zustand ein solcher gewesen, dem noch etwas abging. Oder umgekehrt. Das eigentliche Sein der Sache heißt: der Begriff oder das Eidos – sein Gegensatz: die Ausfallserscheinung ($\sigma\tau\acute{\epsilon}\varrho\eta\sigma\iota\varsigma$ = „Beraubung"). Dies sind also zwei Urgegebenheiten jedes wahrnehmbaren Seins: das Eidos und die Ausfallserscheinung.

2. Kapitel

Nun zeigt aber Aristoteles, daß außer diesem Gegensatz auch noch der bleibende Stoff, an dem sich diese wechselnden Seinsbestimmungen zeigen, eine solche Urgegebenheit ist. Was erst so und dann anders sein kann, ist ein Sein, das weder so noch anders ist, das beides nicht ist: ein Sein, das durch sein Seinkönnen charakterisiert ist – am anschaulichsten beim Verfertigen von etwas: das Material, das noch nicht die fertige Sache ist, ist für diese das Nochnichtsein, das sie sein kann –. Stoff ist das der Möglichkeit nach Seiende ($\delta\upsilon\nu\acute{\alpha}\mu\epsilon\iota\ \check{o}\nu$).

Von diesem ontologischen Begriff des „Stoffes" gewinnt Aristoteles seine Deutung der vorsokratischen Naturphilosophen. Die alten Denker haben mit ihrem Urzustand im Grunde solchen Stoff gemeint – schon das Problem des Entstehens zeigt, daß Stoff nicht einen anfänglichen Urstoff meinen kann, sondern Nichtsein im Sinne des der Möglichkeit nach Seins. Das will sagen: der Stoff ist immer schon Stoff einer bestimmten Form. Nur so wird verständlich, daß es in der Natur immer wieder Entstehen (Zeugung, Geburt) gibt, indem das Entstehen nicht aus Nichts, sondern aus dem relativen Nichtsein der Möglichkeit sein soll. Von der vollendeten Gestalt her (dem Eidos) begreift sich als Entstehung (als „schlechthinniges Werden" = $\gamma\acute{\epsilon}\nu\epsilon\sigma\iota\varsigma\ \acute{\alpha}\pi\lambda\tilde{\alpha}$), was für solches Denken, das Natur nicht als Vollendung und Gestalt denkt, bloße Umformung (Anderswerden = $\dot{\alpha}\lambda\lambda o\acute{\iota}\omega\sigma\iota\varsigma$) wäre. Denn freilich gibt es kein Werden aus dem Nichts.

3. Kapitel

Das Problem des Werdens (der Entstehung = $\gamma\acute{\epsilon}\nu\epsilon\sigma\iota\varsigma$) muß aber auch um der Abgrenzung gegen die Ideenlehre der Platoniker willen untersucht werden. Daß Stoff und Eidos, wie sie für das jeweilige Werden vorausgesetzt sind, nicht selber werden, ist klar. Ebenso leuchtet ein, daß Werden stets aus Gleichartigem entspringt, Natur oder Kunst. Nun ist es im Falle des Werdens aus Kunst klar, daß das Eidos des Werdenden Sein nur als Plan im Geist des Künstlers hat, also kein wahres Fürsichsein, und daß es erst wirkliches Sein hat, wenn es durch Formung von Stoff ausgeführt ist. Wie aber ist es im Falle des Werdens aus Natur? Ist da das Eidos des Werdenden für sich da vor dem konkreten Dasein des Gewordenen? Offenbar ist das die Auffassung Platos. Die Ideen sind Sein, getrennt von den Dingen.

Offenbar folgt Plato darin der pythagoreischen Weltmathematik, die das Sein der Natur als Nachahmung der reinen Vorbildlichkeit mathematischer Harmonien versteht.

Aber in Wahrheit ist das Eidos nicht vor dem konkreten Seienden da – es sei denn in einem anderen konkreten Seienden, dem Bewegenden oder Erzeugenden, also niemals für sich. Die „Hypostasierung" des Eidos, d.h. die Behauptung, es habe Fürsichsein, abgelöst von den Dingen, ist ein Irrtum Platos.

4. Kapitel

Mit diesem Kapitel beginnt eine Frage, die so nur hier im aristotelischen Werk gestellt wird und scheinbar höchst unvermittelt auftaucht: ob die Prinzipien (Ursachen bzw. Ursprünge) für Alles dieselben oder ob sie verschieden sind. Auch diese Fragestellung verrät, wie aktuell für Aristoteles die Auseinandersetzung mit Plato ist, der aus obersten Gattungen (der Eins und der „unbestimmten Zwei") alles ableitete. Aristoteles stützt sich zur Widerlegung eines solchen Versuches auf die kategoriale Differenzierung des Seins: weder gibt es ein gemeinsames Sein „oberhalb" der Kategorien, noch ist die eine Kategorie in der anderen enthalten.

Es ist die analogia entis – das Kernmotiv auch des mittelalterlichen Aristotelismus –, die analogische Struktur des Seins, was Platos Versuch widerlegt. Nur in dem Sinne kann von identischen Prinzipien gesprochen werden, als jeweils das gleiche Verhältnis vorliegt: daß bei jedem Seienden drei Bestandteile (Elemente: Eidos, Ausfallserscheinung und Stoff) bzw. vier Ursachen (nämlich zu den dreien hinzu noch das jeweils Bewegende) unterscheidbar sind. Gegen Plato betont er also in unermüdlicher Variation die bloß analogische Selbigkeit der Prinzipien – um am Ende doch in bedeutsamer Weise auf den „allgemeinen" Ursprung aller Bewegung, den sog. Ersten Beweger hinzuweisen.

5. Kapitel

Das 5. Kapitel führt die im 4. Kapitel entwickelte Fragestellung noch weiter, indem es den Nachweis der nur analogischen Selbigkeit der Prinzipien, der dort von der Differenzierung der Kategorien ausging, von der Differenzierung des Seins nach Wirklichkeit und Möglichkeit her führt. Auch hier ist wieder das Entscheidende, daß die „ersten Ursprünge" das konkrete Wirkliche ($\tau o\delta\iota$) und Mögliche und nicht „allgemeine" Prinzipien wie die „Ideen" sind. Doch zeichnet sich in diesem Kapitel schon deutlicher ab – und insofern leitet es in die Frage nach dem noëtischen Sein bereits über –, daß die analogische Struktur des Seins den Vorrang eines bestimmten Seins vor anderem nicht ausschließt: Das Sein der Substanz ist dem der übrigen Kategorien des Seins vorgeordnet. Das Ganze des bewegenden Seins der Natur ist ein einheitlicher Bewegungszusammenhang – die Sonne und die Ekliptik ermöglichen alle irdische Bewegung – und verweist auf ein erstes Bewegendes; alles Wirkliche auf ein erstes Wirkliches; Seele oder Geist ist in höherem Grade selbständiges Sein als der Leib. All das sind Vordeutungen auf den Schritt „über die Physik hinaus", in die „Metaphysik", den der Fortgang der Gedankenführung bringt.

6. Kapitel

Nachdem schon mehrfach darauf vorgedeutet worden ist, daß es, auch wenn man die platonischen „Ideen" ablehnt, ein unbewegtes Sein gibt, wird diese Annahme nun ausdrücklich gerechtfertigt: es bedarf eines solchen, wenn es Bewegung und Zeit immer geben soll und Zeit muß es – ihrem eigenen Sinn nach – immer geben. Denn es gibt kein erstes Jetzt und kein letztes Jetzt. (Vgl. Physik Θ 1.) Es muß also ein ewig bewegtes Sein geben: den Fixsternhimmel[1].

Dann aber muß es ein Sein geben, das immer tätig und bewegend ist. Weil die Ideen oder die „neben" den Ideen von Plato gelehrten Idealzahlen das nicht sind, kommen sie hier gar nicht in Betracht. Ja, dieses Sein muß sogar seinem Wesen nach Tätigkeit sein, nicht nur der Möglichkeit nach – denn sonst könnte es auch nicht sein. Eben deshalb darf es keinen Stoff enthalten (denn dann wäre es in der Möglichkeit, auch nicht zu sein, d.h. in seine Bestandteile zu zerfallen).

---

[1] Vgl. Klaus Oehler, Der Beweis für den unbewegten Beweger, Philologus Bd. 99, 71—92 (1955).

Es stellt dagegen keinen Einwand dar, daß die Möglichkeit doch immer früher als die Wirklichkeit sei. In Wahrheit muß – auch bei denen, die den Anfangszustand als den Zustand der Möglichkeit zu allem ansehen (Theologen wie Naturphilosophen) – ein Wirkliches verursachend sein. Platos Lehre von dem Sichselbstbewegenden, die Weltseele des Timaios, ist widerspruchsvoll, sofern er ja die Entstehung der Weltordnung schon voraussetzt. Anaxagoras, Empedokles und Leukipp tragen bezeichnenderweise dem Primat der Tätigkeit Rechnung.

Wie muß nun diese unsere Weltordnung gedacht werden? Offenbar muß zweierlei dafür angenommen werden: ein immer gleich Bewegendes und ein bald so, bald anders Bewegendes. Nur die Kombination von beidem kann die ewige Periodik, in der in der Natur Werden und Vergehen wechseln, erklären. Diese Kombination aber liegt in der Sonne vor, deren Tagesbewegung an der ersten Bewegung des Fixsternhimmels teil hat und die zugleich in ihrer ekliptischen Jahresbewegung bald nah bald fern ist und dadurch die Jahreszeiten erzeugt.

7. Kapitel

Nachdem Aristoteles gezeigt hat, daß der Umschwung des obersten Himmels die erste Bewegung darstellt, die alles übrige bewegt, schließt er, daß das, was diese Bewegung verursacht, selber unbewegt sein muß. Die einzige Weise, wie etwas bewegend sein kann, ohne selbst bewegt zu sein, ist eben die des „Motivs", des Gegenstandes des Verlangens und damit letzten Endes des Denkens. (Alles Bewegende sonst ist eben damit selbst bewegt – Problem des $\dot{\alpha}\nu\tau\iota\varkappa\iota\nu\varepsilon\tilde{\iota}\sigma\vartheta\alpha\iota$.) So also muß der erste Beweger bewegen, „wie ein Geliebtes". Was er bewegt, ist der oberste Himmel, dessen kreisende Bewegung die einzige ist, die ewig sein kann, sofern Anfang und Ende bei ihr immerdar dasselbe sind. Das alles hat sein Vorbild im X. Buch der Gesetze. Ein Thema der akademischen Diskussion bildet gerade auch die Weise, wie das Höchste, Unbewegte, Nus oder was immer, bewegend ist. Dabei gilt als grundlegend, daß alle Bewegung auf einen Anfang oder Anfänge zurückgeht, die den Charakter der Selbstbewegung besitzen. Selbstbewegung haben aber heißt „Seele" ($\psi\nu\chi\acute{\eta}$) haben. Seele „sorgt" für das Unbeseelte, d. h. hat es in seiner Obhut. Nun ist der Himmel das Bestgeordnete, das es gibt. Es ist also „Denken", was ihn bestimmt.

Die Seinsweise dieses ersten Bewegers, wie sie Aristoteles sodann charakterisiert, ist daher die des *denkenden* Geistes. Dies könnte insofern ungerechtfertigt erscheinen, als auch etwa eine „selige Harmonie" „wie ein Geliebtes" bewegend sein könnte. Für diesen weiteren Schritt in die „Theologie" tritt aber das Ganze der bisherigen, gegen Platos Ideenlehre und Meta-Mathematik gerichteten Seinslehre ein: nur ein Seiendes, das ἐνέργεια, tätige Wirklichkeit ist, kann die ständige Bewegung des Himmels verantworten. Ohne Zweifel liegen hier noch von Aristoteles unbemerkt gebliebene Schwierigkeiten, die erst Theoprast in seiner Metaphysik entfaltet[1]. Um so deutlicher tritt aber hervor, wie die aristotelische Gotteslehre ein Selbstverständnis des Menschseins einschließt. Wachen, Wahrnehmen und Denken sind die menschlichen Erfahrungsweisen einer „reinen Tätigkeit", d. h. eines Zustandes, der nicht von etwas zu etwas hinstrebt, sondern im verweilenden Vollzug sich erfüllt. Die „Bewegung" des Denkens ist nicht zu Ende, wenn sie bei ihrem Gegenstand ist, sondern gerade dann erst eigentlich da, wenn sie den Gegenstand ihres Denkens „hat" und insofern bei sich selbst verweilt. Daher ist die Betrachtung, die geistige Schau (θεωρία), ein Zustand seliger Erfüllung, eine Tätigkeit, die reine Freude ist. Für den leiblich-sinnlich gebundenen Menschen eine zeitlich begrenzte Verfassung, ist dies die dauernde Seinsweise des göttlichen Seins.

Ausdrücklich wird sodann die mathematisierende Lehre der Pythagoreer und des Platoschülers Speusipp abgewiesen, die das vollendete Schöne nicht als Ursprung, sondern als Ende denken.

Das göttliche Sein muß auch insofern ein rein geistiges Sein sein, als es keine Ausdehnung, die ja immer Grenzen hat, besitzen kann.

8. Kapitel

Dieses Kapitel unterbricht die philosophisch wichtigste Lehre vom Ersten Beweger durch eine genauere Ausarbeitung der Lehre von den Sphärengeistern, die Aristoteles in Anlehnung an die zeitgenössische Astronomie vornimmt. In der Tat konnte das astronomische Wissen der damaligen Zeit mit der Annahme eines einzigen Beweger-Gottes nicht befriedigt werden. Gerade war es ja gelungen, die von Plato gestellte Forderung zu erfüllen und die Planetenbewegungen durch eine Kombination von Kreisbewegungen astronomisch dar-

---

[1] Theophrast, Met. II 7ff., 5aff. Us.

zustellen. Jeder solchen Kreisbewegung ist also ein eigener Beweger-Geist zuzuordnen – wobei die genaue Anzahl der astronomisch geforderten Bewegungen eine sekundäre Frage ist. Auch an dieser Darlegung ist wieder hervorzuheben, daß sie gegen die mathematische Spekulation der Ideenlehre das Recht der Erfahrung verteidigt.

Es ist aber nicht so wie W. Jaegers Analyse nahelegt, als ob die Lehre von dem einen Ersten Beweger nachträglich durch die Rücksicht auf die empirische Himmelsforschung verändert worden wäre: vielmehr steht die Frage nach der Zahl der ersten Beweger in erklärtem Zusammenhang mit der Himmelsmathematik und Zahlenlehre, die aus der platonischen Ideenlehre entwickelt wurde. Der dogmatische Vorzug der Zehn-Zahl der pythagoreischen Tetraktys ist ja ein altes Motiv jener Himmelskunde (Philolaos, Fr. 11,5). Die Idealzahlenlehre der Akademie scheint freilich, wie die Stelle lehrt, auch eine unbegrenzte Anzahl von Ideen angenommen und damit die astronomische Anwendung verunklärt zu haben.

Zwar spricht die Tatsache, daß das Kapitel den Zusammenhang von 7 und 9 unterbricht und erst in die späte Lebenszeit des Aristoteles fallende astronomische Erkenntnise verarbeitet, überdies stilistisch durch seine ausgeführte Diktion auffällt, für eine spätere Hinzufügung, aber schwerlich in dem Sinne, daß die Vielzahl der ersten Beweger erst eine spätere Lehre war. Die Bezugnahme auf die eigene religiöse Tradition des Polytheismus, die ganz Plato folgt, aber auch die Auseinandersetzung des 10. Kapitels zeigen vielmehr, daß die Vielheit der Sphären, die für Sonne, Mond und Planeten anzunehmen war, auch die Vielheit ihrer Beweger implizierte. Vgl. Physik 253b 11, 259a 6ff. und 259b 28–31 – letzteres freilich vielleicht auch nachträglich von Eudoxos beeinflußt.

Richtige Darlegung des Jaegerschen Vorurteils für den Monotheismus bei W. Bröcker Aristoteles 3. A (1965), 278ff. Vgl. Philip Merlan Traditio 4 (1946).

Man muß also die „ontologische" Darlegung des Seinscharakters dessen, was den Charakter eines Anfangs von Bewegung, eines Ersten Bewegers hat, von der kosmologischen Frage unterscheiden, wieviele solcher Anfänge und Beweger es gibt. Das letztere ist eine empirisch-astronomische Frage. Freilich bleibt das Verhältnis zwischen diesen unbewegten Bewegern, insbesondere, wieweit es einen „obersten", göttlichen Geist gibt, unklar.

Das Kapitel schließt mit einer wichtigen Bemerkung: Aristoteles sieht in seiner Gestirngeister-Lehre den wissenschaftlichen Kern des überlieferten Polytheismus. Seine Vorstellung von der menschlichen Geschichte ist aber selbst von dem Schema der periodischen Zeit beherrscht. Er teilt mit Plato die Überzeugung, daß die menschliche Kultur jeweils durch Katastrophen bis auf wenige Reste vertilgt werde, die dann in Sagengestalt in das neue Kulturzeitalter hinüberreichen. Die „Wahrheit" der Mythen ist also die der Erinnerung an ein früheres Wissen. Die eigenen wissenschaftlichen Entdeckungen bringen nichts Neues, sondern gewinnen nur das verlorene Alte zurück – auch ein Aufklärungsschema, aber eines, das von dem neuzeitlichen dadurch abweicht, daß ihm nicht der Gedanke des einmaligen geschichtlichen Fortgangs einwohnt.

9. Kapitel

Dieses Kapitel bringt eine erläuternde Diskussion zu den Aussagen des 7. Kapitels über das sich selber denkende Denken, und zwar in der für Aristoteles charakteristischen Form der Aporetik, d. h. in der ausdrücklichen Exposition von aus natürlichen Vormeinungen stammenden Schwierigkeiten und ihrer Auflösung. Er geht also von einem natürlichen Verständnis des denkenden Geistes aus (das der Sache nach schon ausgeschlossen war, aber nun nochmals ausdrücklich ausgeschlossen wird): der nicht immer denkende Geist, der etwas von ihm selbst Verschiedenes denkende, der nicht das Göttlichste denkende Geist – all das ist ausgeschlossen. Ein Geist, der nicht immer dächte, sondern Möglichkeit wäre, könnte nicht immerfort ohne Ermüdung denken, ein Geist, dessen Gegenstand ihm erst seine Würde zubrächte, wäre nicht das Beste – er muß also Denken des Denkens sein. Denken und Gedachtwerden müssen bei ihm eines sein (was bei allem, was ohne Stoff ist, grundsätzlich auch zutrifft), und das Gedachte muß in sich ununterschieden sein: das lehrt auch die menschliche Erfahrung der „Theorie", die nicht die eine oder die andere Bestimmung denkt, sondern ein Ganzes, wenn auch ein von ihm selbst verschiedenes.

Die Grundaporie ist die, daß „Denken" immer „etwas denken" ist und ein Denken, das nicht etwas anderes, sondern sich selbst denken soll, leer erscheint. Um dieser Folgerung zu entgehen, hat man in der mittelalterlichen Tradition diesem denkenden Geiste den Besitz aller „Ideen" und damit den gesamten Weltinhalt zugeschrieben. Das

aber entspricht ganz und gar nicht der aristotelischen Gedankenführung aus dem Bewegungszusammenhang des All. Eine andere
Deutung versucht H. J. Krämer, indem er dem Geist, der sich selbst
denkt, die fünfundfünzig Sphärengeister zum Gegenstand gibt. Das
hat zwar, auf sein mathematisches Fundament, die Zahlenordnung
reduziert, etwas Plausibles, das insbesondere durch Xenokrates ge-
stützt wird. Man kann sagen: In den Zahlen denkt sich die ratio
selber. Cum deus calculat, fit mundus (Leibniz). Aber der Text selbst
gibt dafür nicht das geringste her. Man wird gut tun, davon auszu-
gehen, daß Aristoteles selber keine Lösung dieser Grundaporie entwickelt hat, sondern einfach der immanenten Konsequenz seiner
Theologie mit seiner Lehre vom sich denkenden Denken folgte. Dafür
spricht De anima III cap. 4, die Lehre vom tätigen Geist, der wie das
Licht ist (430 a 15). Wer etwas weiß, im Sinne der ἕξις, weiß damit
sich selbst. (Vgl. 429 b 9.)

10. Kapitel

Das abschließende Kapitel – offenbar wirklich den Schluß der
vortragsmäßigen Abhandlung darstellend – beginnt mit einer grund-
sätzlichen Frage, um dann in eine Metakritik aller früheren Lehren
überzugehen. Die grundsätzliche Frage, die es stellt, ob die Natur des
Ganzen in einem obersten Seienden oder in der Ordnung des Ganzen
als solcher den Grund ihrer Vollendung habe, könnte nach der Lehre
vom Ersten Beweger überraschen. Denn daß er die Vollendung darstellt, ist deutlich genug gesagt worden. Indessen zeigt sich auch hier
wieder, was schon in den Erläuterungen zum 8. Kapitel betont wurde,
daß die pythagoreisch-platonische Meta-Mathematik den beständigen
Hintergrund der aristotelischen Metaphysik darstellt. So gehört die
hier gestellte Frage in die Reihe der Aporien des vorigen Kapitels,
sofern sie eine mögliche Antwort erwägt, für die ein natürliches
Vorverständnis der Seinsordnung spricht, nämlich, daß die Schönheit
des Ganzen eben in seiner Ordnung im Ganzen bestehe und nicht in
einem obersten Prinzip. Aristoteles löst diese Aporie so, daß er zeigt,
daß beides sich nicht widerspricht, daß vielmehr die einheitliche
Ordnung eines Ganzen sehr wohl damit zusammenbesteht, daß nicht
alle Glieder dieser Ordnung sie in gleichem Grade darstellen. In
einem geordneten Hauswesen z. B. gehört das Vieh gewiß auch zu
der guten Ordnung des Ganzen, und doch nur in der Weise, daß es
geschlachtet wird und seine Menschen ernährt. In der Sprache des

scholastischen Mittelalters heißt das: das Sein ist „analog", und doch gibt es in dieser analogischen Ordnung des Seins einen Terminus, auf den hin alles geordnet ist. Die analogia entis ist sowohl eine analogia attributionis als eine analogia proportionalitatis.

Die Kritik, die Aristoteles jedem seiner Vorgänger widmet, zeigt wieder das vorherrschende Interesse an der Abgrenzung gegen die pythagoreisch-platonischen Lehren. Denn auch die Gegensatzlehre, deren Mangelhaftigkeit er allen seinen Vorgängern nachrechnet – wie in Met. A' mit deutlicher Bevorzugung des Anaxagoras – hat ihre äußerste Zuspitzung in der Gegensatzlehre dieser ihm nächsten und deshalb ihm feindlichsten Tradition. Nicht zufällig steht daher am Ende des kritischen Nachtrages die Ideenlehre und Zahlenlehre der Platoniker und im besonderen die Lehre von Platos Nachfolger als Haupt der Akademie, die Lehre des Speusipp. Sie mag auch die grundsätzliche Frage, die der Anfang des Kapitels behandelt hatte, mit im Auge haben, sofern sie den Vorrang des „einen Herrschers" als überflüssig erscheinen lassen konnte. Noch Theophrasts Metaphysikfragment setzt damit ein und spielt abermals auf die Episodenstruktur des All an, die in Speusipps Zahlenlehre impliziert war (Theophr. 4a, 9ff. Us.).

Bibliographie

Ausgaben

Aristoteles, Metaphysica, rec. et en. Hermann Bonitz. 2 Bde. Bonn 1848–1849.

Aristotle's Metaphysics. A revised text with introduction and commentary by William David Ross. Oxford 1924. Reprint 1948.

Aristotelis Metaphysica, recogn. brevique adnotatione critica instruxit Werner Jaeger. Oxford 1957.

Aristoteles, Metaphysik, übersetzt von Hermann Bonitz (ed. Wellmann). Mit Gliederung, Register und Bibliographie, herausg. von Héctor Carvallo und Ernesto Grassi. Rowohlts Klassiker der Literatur und der Wissenschaft. Griech. Literatur Band 10. Reinbek 1966.

Allgem. Aristotelesliteratur

William David Ross, Aristotle. London 1923. Reprint London 1949.

Werner Jaeger, Aristoteles. Grundlegung einer Geschichte seiner Entwicklung. Berlin 1923. 2. veränderte Aufl. Berlin 1935.

Ingemar Düring, Aristoteles. Darstellung und Interpretation seines Werkes. Heidelberg 1966.

Julius Stenzel, Zahl und Gestalt bei Platon und Aristoteles. 3. Aufl. Darmstadt 1959.

G. W. F. Hegel, Vorlesungen über Geschichte der Philosophie.

Nicolai Hartmann, Aristoteles und Hegel. 2. Aufl. 1933.

Donald James Allan, Die Philosophie des Aristoteles. Hamburg 1955.

Joseph Owens, The Doctrine of Being in the Aristotelian Metaphysics. A study in the Greek background of mediaeval thought. Toronto/Canada. 1951.

Joseph Owens, The Reality of the Aristotelian Separate movers. Rev. of Met. 3, 1950.

Walter Bröcker, Aristoteles. Philosophische Abhandlungen Band 1. 3. Aufl. Frankfurt/M. 1965.

Ernst Tugendhat, τί κατά τινος. Eine Untersuchung zur Struktur und Ursprung aristotelischer Grundbegriffe. Freiburg/Br. 1958.

Hans-Georg Gadamer, Platos dialektische Ethik. 2. Aufl. Hamburg 1968.

Hans-Georg Gadamer, Die Idee des Guten zwischen Plato und Aristoteles (S. 92). Sitzungsberichte der Heidelberger Akademie der Wissenschaften 1978.

Wolfgang Wieland, Die aristotelische Physik. Göttingen 1962.

Martin Heidegger, Identität und Differenz. Pfullingen 1957.

Martin Heidegger, Wegmarken, Frankfurt/M. 1967.

Spezialliteratur zu Metaphysik XII

Hans von Arnim, Die Entwicklung der aristotelischen Gotteslehre. JB Wiener. Akad. 212.51 (1931).

Franz Brentano, Aristoteles und seine Weltanschauung. Leipzig 1911.

Franz Brentano, Von der mannigfachen Bedeutung des Seienden nach Aristoteles. Freiburg/Br. 1862. Unveränderter Nachdruck Darmstadt 1960.

Franz Brentano, Die Psychologie des Aristoteles, insbesondere seiner Lehre vom Nus poietikos. Nebst einer Beilage über das Wirken des aristotelischen Gottes. Mainz 1867. Unveränderter Nachdruck 1967.

K. Elser, Die Lehre des Aristoteles über das Wirken Gottes. Münster 1893.

Hans Joachim Krämer, Der Ursprung der Geistmetaphysik. Amsterdam 1964 (vor allem Kap. II).

Hans Joachim Krämer, Zur geschichtlichen Stellung der Aristotelischen Metaphysik, Kant-Studien 58 (1967).

Hans Joachim Krämer, Grundfragen der aristotelischen Theologie. Theologie und Philosophie, Heft 3 und 4 (1969).

Philip Merlan, Aristotle's Unmoved Movers. In: Traditio 4. 1946 (S. 1–30).

Philip Merlan, Studies in Epicurus and Aristotle. Wiesbaden 1960.

Philip Merlan, From Platonism to Neoplatonism, 2. Aufl. 1960.

Klaus Oehler, Antike Philosophie und byzantinisches Mittelalter. München 1969 (insbesondere S. 146 ff. 162 ff. 189 ff.).

Wolfgang Schadewaldt, Eudoxos von Knidos, in: Hellas und Hesperien, Stuttgart 1960 (S. 451 ff.).

Harry Austryn Wolfson, The Plurality of Immovable Movers. Harvard Studies in Classical Philosophy 63. 1958 (S. 233–253).

Klostermann Texte Philosophie

PARMENIDES. Griech.-dtsch. Hg. Gadamer. 1970. 106 Seiten

PLATO: Texte zur Ideenlehre. Griech.-dtsch. Hg. Gadamer. 1978. 96 Seiten

ARISTOTELES: Metaphysik XII. Griech.-dtsch. Hg. Gadamer. 3., verb. Aufl. 1976. 64 Seiten

Der Protreptikos des ARISTOTELES. Griech.-dtsch. Hg. Düring. 2. Aufl. 1979. 120 Seiten

PLOTIN: Über Ewigkeit und Zeit (Enn. III, 7). griech.-dtsch. Hg. Beierwaltes. 3., erg. Aufl. 1981. VIII, 320 Seiten

Gottfried Wilhelm LEIBNIZ: Confessio philosophi. Ein Dialog. Lat.-dtsch. Hg. Saame. 1967. 226 Seiten

GIAMBATTISTA VICO: Die neue Wissenschaft von der gemeinschaftlichen Natur der Nationen. (Auswahl). Hg. Fellmann. 1981. VI, 96 Seiten

JEAN-JACQUES ROUSSEAU: Politische Ökonomie. Franz.-dtsch. Hg. Schneider. 1977. 120 Seiten

IMMANUEL KANT: Über den Gemeinspruch „Das mag in der Theorie richtig sein, taugt aber nicht für die Praxis". 1793. Hg. Ebbinghaus. 4., durchges. Aufl. 1982. 76 Seiten

JOHANN GOTTLIEB FICHTE: Wissenschaftslehre 1804. Hg. Janke. 1966. 144 Seiten

JOHANN GOTTLIEB FICHTE: Die Wissenschaftslehre in ihrem allgemeinen Umrisse (1810). Hg. Schulte. 1976. 72 Seiten

LUDWIG FEUERBACH: Grundsätze der Philosophie der Zukunft. Hg. Schmidt. 3. Aufl. 1983. 138 Seiten

CHARLES S. PEIRCE: Über die Klarheit unserer Gedanken. Engl.-dtsch. Hg. Oehler. 2. Aufl. 1977. 172 Seiten

EDMUND HUSSERL: Philosophie als strenge Wissenschaft. Hg. Szilasi. 4. Aufl. 1981. 108 Seiten

ERNST CASSIRER: Philosophie und exakte Wissenschaft. Hg. Krampf. 1969. VIII, 200 Seiten

MAX SCHELER: Das Ressentiment im Aufbau der Moralen. Hg. Frings. 1978. XX, 120 Seiten

MAX SCHELER: Erkenntnis und Arbeit. Hg. Frings. 1977. XXII, 266 Seiten

KARL BÜHLER: Die Axiomatik der Sprachwissenschaften. Hg. Ströker. 2., durchges. Aufl. 1976. 156 Seiten

GERHARD KRÜGER: Eros und Mythos bei Plato. Hg. Schaeffler. 1978. XXII, 102 Seiten

KARL R. POPPER: Truth, Rationality, and the Growth of Scientific Knowledge. 1979. 62 Seiten

KARL-HEINZ VOLKMANN-SCHLUCK: Einführung in das philosophische Denken. 3. Aufl. 1981. 144 Seiten

HILARY PUTNAM: Die Bedeutung von „Bedeutung". Hg. Spohn. 1979. 100 Seiten

BERNARD WILLIAMS: Kritik des Utilitarismus. Hg. Köhler. 1978. 120 Seiten

Studienbücher zur Philosophie

JEAN BEAUFRET: Wege zu Heidegger. 1976. 176 Seiten

OTTO F. BOLLNOW: Das Wesen der Stimmungen. 6. Aufl. 1980. 268 Seiten

WALTER BRÖCKER: Aristoteles. 4. Aufl. 1974. VI, 314 Seiten

—: Die Geschichte der Philosophie vor Sokrates. 1965. 119 Seiten

EDWARD CRAIG: David Hume. Eine Einführung in seine Philosophie. 1979. 144 Seiten

WOLFGANG CRAMER: Spinozas Philosophie des Absoluten. 1966. 119 Seiten

EUGEN FINK: Hegel. Phänomenologische Interpretation der „Phänomenologie des Geistes". 1977. X, 362 Seiten

HANS-GEORG GADAMER: Philosophische Lehrjahre. Eine Rückschau. 1977. 244 Seiten

MARTIN HEIDEGGER: Holzwege. 6., durchges. Aufl. 1980. VIII, 372 Seiten

—: Wegmarken. 2., erw. u. durchges. Aufl. 1978. X, 478 Seiten

FRIEDRICH-W. VON HERRMANN: Subjekt und Dasein. Interpretationen zu „Sein und Zeit". 1974. 91 Seiten

PETER KRAUSSER: Kants Theorie der Erfahrung und Erfahrungswissenschaft. Eine rationale Rekonstruktion. 1981. 160 Seiten

Leben und Werk von Gottfried Wilhelm LEIBNIZ. Eine Chronik. Bearbeitet von Kurt Müller und Gisela Krönert. XXIV, 332 Seiten, 25 Bildtafeln. Studienausgabe 1981

Lebenswelt und Wissenschaft in der Philosophie Edmund Husserls. Hg. von Elisabeth Ströker. 1979. 144 Seiten

HERBERT MARCUSE: Hegels Ontologie und die Theorie der Geschichtlichkeit. 3. Aufl. 1975. VI, 368 Seiten

WERNER MARX: Hegels Phänomenologie des Geistes. Die Bestimmung ihrer Idee in „Vorrede" und „Einleitung". 2., erw. Aufl. 1981. 136 Seiten

HUBERT SCHLEICHERT: Klassische chinesische Philosophie. Eine Einführung. 1980. 292 Seiten

GÜNTER SCHULTE: Das Auge der Urania. 2., durchges. Aufl. 1977. 224 Seiten, 100 Zeichnungen

ELISABETH STRÖKER: Theoriewandel in der Wissenschaftsgeschichte. Chemie im 18. Jh. 1982. VIII, 324 Seiten

—: Wissenschaftsgeschichte als Herausforderung. Marginalien zur wissenschaftstheoretischen Kontroverse. 1976. 64 Seiten

KARL-HEINZ VOLKMANN-SCHLUCK: Plotin als Interpret der Ontologie Platos. 3., erw. Aufl. 1966. VIII, 184 Seiten

—: Nicolaus Cusanus. Die Philosophie im Übergang vom Mittelalter zur Neuzeit. 2. Aufl. 1968. XVII, 190 Seiten

—: Leben und Denken. Interpretationen zur Philosophie Nietzsches. 1968. IV, 152 Seiten

—: Politische Philosophie. Thukydides, Kant, Tocqueville. 1974. 234 Seiten

WILHELM WEISCHEDEL: Das Wesen der Verantwortung. 3. Aufl. 1972. 110 Seiten